言論自由

在臺大的實踐意義

社評

我們國家的前途

天聽甚邇，人言嘖病！

法代會舉辦座談會——「言論自由在臺大」

對學校開刀 向社會進軍

代「編者的話」

·洪三雄·

臺大人清白心靈審稿為啥？

該受壓力的是敵人抑同志？

且聽錢永祥告訴你——

布哈林、「白克里安」之恥

合理的容忍 負責的自由

——王曉波先生

全面改選中央民意代表辯論

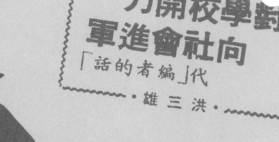

支持全面改選的——

青年心聲

臺大法言

韓忠謨題

中華民國五十八年十二月八日級刊

本期出版一大張

革新版第八期

出版者：國立臺灣大學法學院 代學生

多少個一臺大學會史 法代

小個市民的心聲 反應的人大臺學會 分別舉辦座談討論場面 熱烈

臺大法言　韓忠謨題

中華民國五十八年十二月八日復刊

本期出版一大張

革新第八版期

出版者：國立臺灣大學法學院學生代表會
發行人：洪　三雄
總編輯：陳　玉玲
副總編輯：許志仁　蔣信蓓
編輯：袁再興　汪麗瓊　王玲　郭秀鑾　陳文忠

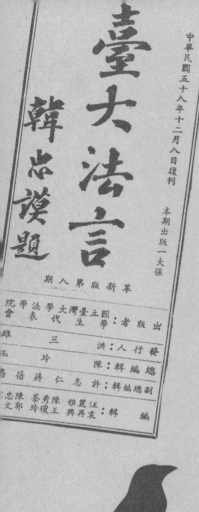

大學雜誌

開放學生運動

快報

我們要說話的權利

出版：臺大法言社
本報發行一萬份

民主　真諦　言論　自由　開放　社會　公開　論壇

一個小市民的心聲

多少臺大人反對的市民心聲

代歷史　學會　舉辦　座談　分別　討論　場面　熱烈

自由何其多！
言論不用愁？

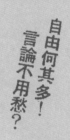

言論自由在臺大

我們國家的前途

全面　改選　中央　民意　代表　辯論

借臺大死寂的屍還中國青年的魂
陳少廷道濟熱血斑斑書生議論

青春自由夢

文 郝廣才　圖 PG.水角

格林文化
www.grimmpress.com.tw

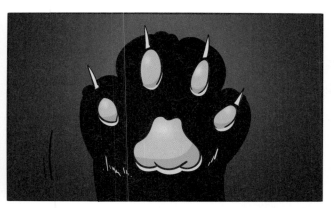

我以為男生只知道吃。

我呢，少也賤。手呀，多能鄙事！

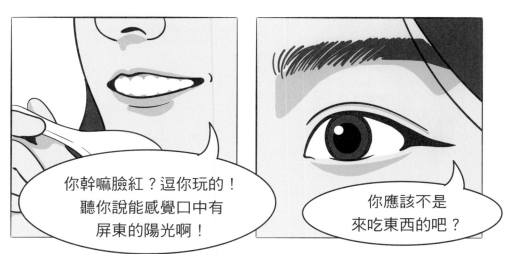

你幹嘛臉紅？逗你玩的！聽你說能感覺口中有屏東的陽光啊！

你應該不是來吃東西的吧？

那天開「保釣大會」，那些應聲蟲，滿口愛國，滿嘴擁護，像《中央日報》養的鸚鵡。假裝打雷，不敢下雨。

要不是你跳上臺主張成立「臺大保釣會」，最後只會喊喊口號，唱唱愛國歌曲結束了。

在日本，紅豆叫「大納言」，大納言是古代御史。他們不怕壓力說真話，就像紅豆久煮不破。

編好《臺大法言》跟煮紅豆湯一樣要下工夫。你人緣好，都拿書卷獎，老師、同學都會支持。我們不需要學校補助的200元，這樣就不必審稿。

對！所以我希望《臺大法言》換個編輯方向，每個字都能敲響社會！

所以要想辦法找錢，你想要我去拉廣告對不對？

我想請你擔任法代會主席，支持我編寫《臺大法言》。

一下就被你看破。人聰慧，條理分明會說話……

現在你是主席，我做秘書長，不是一樣嗎？

你才會說話呢！你灌的迷湯，比紅豆湯甜啊！你有這工夫，還怕拉不到廣告？

編刊物要跟學校硬碰硬，這種撞牆壁的事，我的頭比你硬。

有一次跟劉福增教授走在椰林大道，他說：「臺大的新建築一棟一棟蓋，但臺大的精神在哪裡呢？」我看到你不畏強權，就看到臺大的精神！

民主不只是一個理念，而是一種生活方式！

言論自由不是一個口號，而是一種權利！

似水年華，年少匆匆轉眼中。有志一同，不負青春不負夢！

說好喔！青山不改，絕不相負！

9

學生活動中心

他真會出主意，法學院活動中心就夠你整頓……

地板走起來像老鼠吱吱叫；有氣無力的燈泡像低俗茶室；普魯斯特是「追憶似水年華」我們追憶「發霉文化」。

哈哈，你還要找一個能幹的秘書長。

不用你操心，有個天大美女，年年書卷獎，願意來幫忙。

……你說學妹陳玲玉嗎？她的衣服聽說都是從日本來的，她怎麼肯打雜？

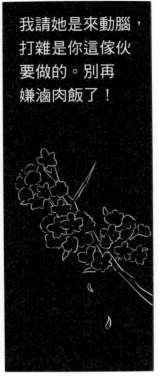

我請她是來動腦，打雜是你這傢伙要做的。別再嫌滷肉飯了！

14

15

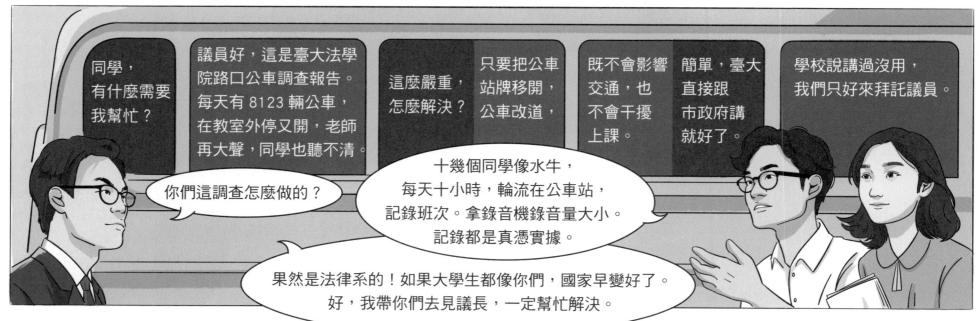

奇怪，怎麼都沒聽見公車？

老師，公車改道了。這是新的《臺大法言》！

唉……學校做不到的事，同學做成了！

大學的靈魂不是教授，而是大學生！

你們知道為什麼「大學」叫 university 嗎？

當年蠻族毀滅羅馬帝國，歐洲進入黑暗時代。四處戰亂，掌握生殺大權的國王、武士，都不識字。所以文化被摧殘，墜入黑暗。

很多學者跑到開羅的亞歷山大港，在那裡講學。文明在歐洲中斷 600 年。

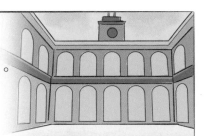

直到 1088 年，波隆納有人想學習以前的羅馬法，到亞歷山大港請老師。波隆納大學第一個學院就是法學院，開啟後來的「文藝復興」。

大學是由學生來排課，學生想學什麼就請什麼老師。學生聯合會是大學主幹，所以大學叫 university。

敢問……
為什麼想到我？

現在全國大學我都能掌握，只有臺大沒辦法，那裡自由派太多，國民黨、救國團都沒作用，軍訓教官被老師，甚至學生瞧不起。

你是上海聖約翰大學畢業，你英文好，留過學。

學歷、經歷拿出來，不會被笑話。不光總教官，還要做訓導長，只有你能擔此重任！

我投筆從戎是想為國建立高科技的軍備，怕離開以後追不上……

你放心，你先去臺大幫我掌控局勢。兩年後離開臺大升軍長，再幫我改革國防，怎麼樣？

您這麼信任我，我只能恭敬不如從命。我粗淺知道，黨、政戰、救國團都在大學從事反共工作，他們各有人馬，但是……

但是什麼……直講，不要保留！

我是奉您的指示到臺大，如果他們要搜查校園、約談學生、動手抓人，事前必須經我同意，我才能替您掌握先機，不辜負這份信任……

給我接警總的副總司令……

王潔，以後你們情治單位對臺大校園的行動，都要得到張德溥同意！

交給你了，有什麼需要直接跟我說！

19

「全美愛國留學生在華盛頓，舉行保衛釣魚臺示威遊行……」

中國的土地可以征服不可以斷送
中國的人民可以殺戮不可以低頭

這波保釣運動如果讓學生各行其是，火燒錯地方，可就不好控制！

立刻貼出公告，召集全校班代和社團負責人，開個「保釣座談會」，給學生一個出口，讓情緒洩洪。

先把幾個有影響力的同學找來，到新生南路招待所開個會，先把風向定好！

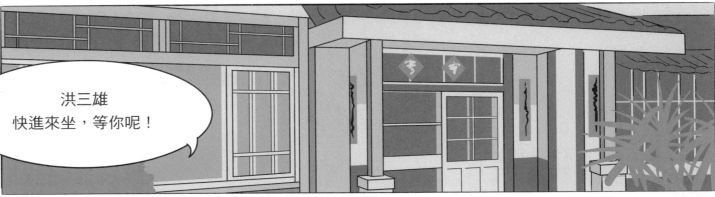

洪三雄
快進來坐，等你呢！

王曉波

王杏慶

今晚開大會，你們多多發言，
如果出現太激動的情緒，你們要緩一緩，
熱情不要變火燒。

國民黨中央黨部

德溥兄，學生成立「臺大保釣會」就夠頭痛，還讓他們遊行？

大陸鬧學潮的教訓不夠嗎？

保釣遊行是向日本、美國抗議，是愛國行動，不會鬧事。現在的大學生都是從小填鴨教育出來，都很單純，無須害怕。

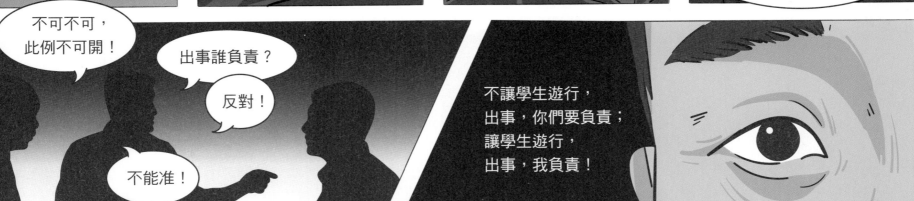

不可不可，此例不可開！

出事誰負責？

反對！

不能准！

不讓學生遊行，出事，你們要負責；讓學生遊行，出事，我負責！

23

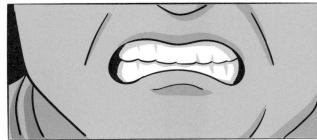

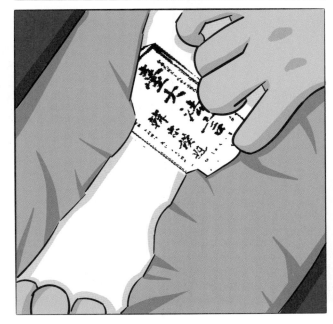

臺大法學院

韓院長，你是未來臺大校長熱門人選，不要為了學生，斷送前途……

法學院院長 韓忠謨

每兩週的星期一，我就會接到各方抱怨的電話，

為什麼？因為那天是《臺大法言》的出刊日。

我跟你們兩個君子協定。你們畢竟是學生，政府已經定案的政策，你們不要抨擊。

至於還沒定案的，只要你們言行不違法，我都支持你們，都可以替你們負責！

29

謝謝院長！

本來以為會被訓一頓⋯⋯

我能訓你們什麼呢？
誰教你們要獨立思考？
誰教你們法律是為了
保障自由民主？

不就是我們這些老師嗎？
但你們要跟我合作，
不要翅膀還沒長硬，
羽毛就被拔光了。

我們想辦個座談會，
題目是「言論自由
在臺大」！

訓導處會准嗎？

訓導處說學生不能上臺演講⋯⋯

所以我們請老師講。
我們邀請陳鼓應、王文興、王曉波老師，
還有⋯⋯張德溥總教官！

張總教官遇到你們
這麼聰明的學生，

應該比我還頭痛！

31

奇怪啦！
平凡的豆干、水餃
為什麼這麼好吃？

因為更平凡的
滷肉飯吃太多啦！

你們是要吃垮
洪三雄嗎！

又不是吃法代會的錢，
你幹嘛心疼？

郭大會計，
主席是擔心太多？
還是關心太多？

家境算清寒，
父親已退休，媽媽做裁縫，
只是單純的鄉下孩子。

他滿腦子理想，不懂現實。
絕不是共產黨⋯⋯

我怕他們邀功
冒進，錯抓無辜，
壞了蔣先生
的大局⋯⋯

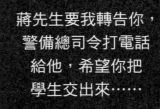

蔣先生要我轉告你，
警備總司令打電話
給他，希望你把
學生交出來⋯⋯

蔣先生的答覆是：
臺大校園都交給張
德溥將軍，一切要
看他的意思。

40

言論自由不是洪水猛獸，是維護社會和政治健康的利器⋯⋯

臺大應該設立「民主牆」，或叫「自由牆」，師生有意見都可以張貼！

學生可以有打老師分數的自由，這樣可以挽救臺大日益衰退的師資！

國父說民權是爭取來的，自由要爭取。光抱怨又不敢爭取的人，不配享有言論自由！

打著紅旗反紅旗！以為我聽不出來！

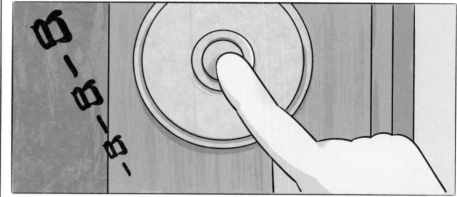

玲玉，
陳永興來了！

永興，你坐整夜火車，
還沒吃早飯吧？

三雄要給你的書
和《臺大法言》，
我都放在法代會，
等一下去拿……

欸，你坐七小時的夜車，
從高雄來臺北，
只為了跟我姊姊借書？

妹，他只關心民主自由，
對女生不在意！

也不是……

我們高雄醫學院管制
更嚴，不像臺大還有
自由風可吹！

很多書我等不及，
回高雄在車上，我就可以搶先看，
自由要付出代價嘛！

45

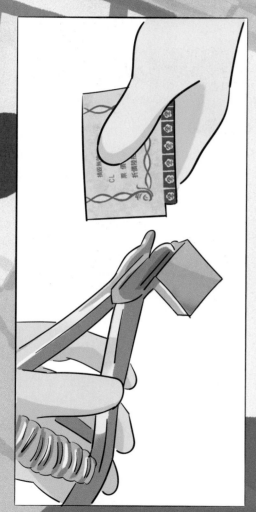

你們看，果然好主意吧！

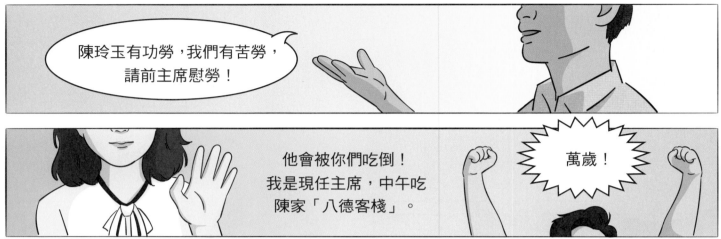

陳玲玉有功勞，我們有苦勞，請前主席慰勞！

他會被你們吃倒！我是現任主席，中午吃陳家「八德客棧」。

萬歲！

媽，五個同學要吃八德客棧。

好，好，今天吃乾煎赤鯮，外加牛肉炒青江菜、魷魚炒芥菜……！

我媽媽說……
我當法代會主席，
以後嫁不出去的話，
你要負責嗎？

天哪，
嚇到他了嗎？
他沉默看窗外
是不是……

鈴一鈴一

58

《大學新聞》、《醫訊》、《文訊》、《大學論壇》都有批評《一個小市民的心聲》。

給它幫腔的就只有《畢聯會訊》，說我們共同的志向是「反攻大陸」，互信的基礎是「效忠領袖」、「擁護政府」⋯⋯還有又看到共匪在大陸的故技重施⋯⋯

應該辦一場座談會，請陳鼓應老師來⋯⋯

學校不會同意讓陳鼓應老師來演講⋯⋯

人這麼多，怎麼不借更大的場地？

沒辦法，圖書館大廳和體育館都不准借……

不只走廊，窗臺、草地上都擠滿人！怎麼辦？

我去拜託工友加擴音器，教室外的人也聽得到。

不！不！
我要講話！

我是哲研所學生
馮滬祥……
《一個小市民的心聲》
說得實在有理……

這人是誰？

聽說是東海轉來
臺大的……

他講的話比教官還教官，
比《中央日報》還中央！

他的話比小市民
的心聲還可怕！

這種戴著學生面具
的臥底其實不少，
小心特務就在你身邊！

搞不好你這張臉
才是面具，
你做賊喊抓賊！

我身邊就是你啊！
搞不好害我以後被抓去
關的，就是你啊！

真的嗎？我的臉是面具嗎？
好可怕，我連自己是誰
都不知道！哈哈……

剛剛這麼熱鬧，
現在人都散了。

是煙，風吹就散，散不復來。
是雲，散開四面，再聚更大。

第五章 **警總的黑名單**

別人是作弊被記過，是懲處，你們辦報被記過，是榮耀！

這是苦難的年代，凡事不必過分計較。

邱吉爾還有一句：「你有敵人？很好，這說明在某個時刻，你曾有自己的主見！」

大人怕事不敢樹敵，只好戴各種面具！

再冷的面具，底下還是有火熱的心吧！

《臺大法言》被訓導處罰停刊一個月，我們兩個被記申誡。訓導處要在《大學新聞》刊登公告，我們準備寫一篇答辯，請韓院長協助⋯⋯

不一定，很多人面具摘下來，還是面具！幾十年下來，面具一層接一層，最下面也變空。

跟你們講話太放鬆，才講兩句，老師的面具就掉下來了！哈哈⋯⋯

三雄，你就要畢業了，我問你，什麼蛋最危險？

蠢蛋嗎？

不，是自以為是石頭的蛋！

院長最後說的是什麼意思？

他怕你傻傻去撞牆！

我如果是一顆脆弱的蛋，不會去撞牆。我會變成一隻鳥，飛過高牆！

你10月離開臺大，
回國防部先掛
中將軍長缺……

是……
是……是。

你看，電話來了不是。
恭喜你離開臺大，又掛上中將缺，
上面還是要重用你。

是福是禍不知道，
八成不是福！

怎麼說？

如果是福，蔣院長會親自接見我，
當面指派我未來的任務，現在只叫人打電話來，
怕他也不想面對……我是帶著蔣院長的令牌
來臺大，現在把我調走，
怕是要整肅抓人……

張德溥辭任，離開臺大，果然兩年
沒有職缺，只好離開軍旅，
轉任經濟部物價督導會報。

1973 年 2 月 12 日，警備總部開始進入校園，逮補臺大法言社成員，以及參與座談會的老師。

亂抓！

給我接臺大
閻校長……

閻校長，明天去警總
把人保出來！

去告訴警總
配合放人！

還好師大那個學生沒死，
這些又笨又勤快的傢伙，
表面忠誠其實想抓權……

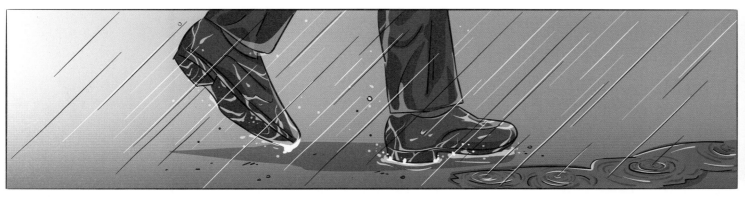

姊，
錢永祥來看你！

你被放出來了？

警總逼我交出
十個朋友，我若
不寫你，他們一定
不相信……我想你是
女生，應該輪不到你……
但是我擔心，所以
還沒回家，先跑來
告訴你一聲……

別說了，趕快回家，
你爸媽一定擔心壞了！

姊，你會不會
被抓走？

我擔心的是
三雄……

六張犁軍事基地

你經常聯絡的朋友有哪些？

你走狗運，可以回去了……

連續四天接到三雄的信，他應該暫時沒事吧……

第六章 自由，不用翻譯

哲研所沒了，
我去考政研所吧！

1974 年，臺大哲學系
系主任趙天儀被撤換，

繼任的孫智燊以「系上有共產黨同路人」
及「愛國學生馮滬祥遭打壓」為由，

解聘趙天儀、黃天成、
楊斐華、林正弘、李日章、
胡基峻和美國客座教授馬樂伯等人

加上已被開除的陳鼓應和王曉波，
共十三位老師被清洗，後稱
「臺大哲學系事件」。

佈告欄

陳玲玉第一名
錄取臺大法研所

陳玲玉考取律師

1976 年 6 月 27 日，
陳玲玉和洪三雄結婚

回來了，
一切都順利嗎？

警總說我有思想問題，
護照完全下不來。

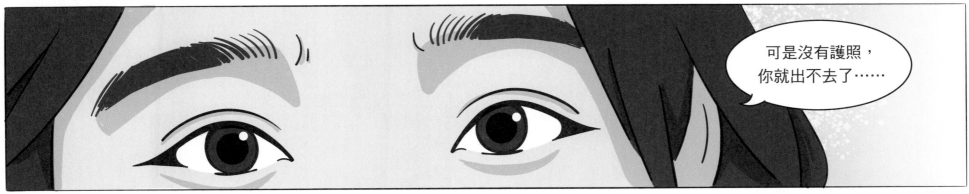

可是沒有護照，
你就出不去了⋯⋯

我答應爸爸不搞政治，
但政治還是來搞我們！

中壢事件

美國斷交

美麗島事件

90

美麗島大審

江南案

臺灣開放黨禁、報禁

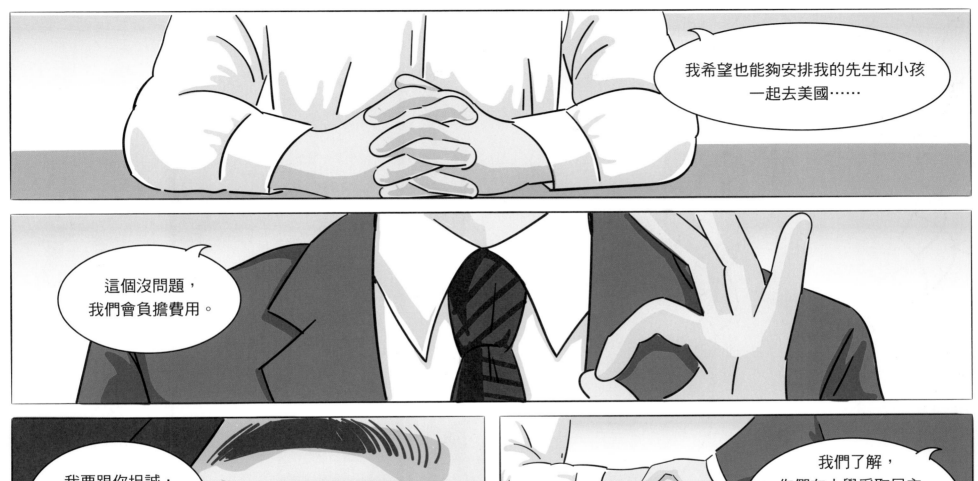

一年後，陳玲玉回臺北執業。
洪三雄陪伴女兒在美國唸書。

舊金山機場

94

Q1 什麼是特務？

定義

● 詞源來自日本，本來是指軍隊中負責「特別勤務」的人員
● 後來日本為了配合對外侵略，開始廣設情報機關
● 戰亂時期，特務勢力從情報調查，擴張到間諜戰、
  策反、暗殺等，以及針對內部敵人進行的「安全工作」

特務處

● 1930 年代初期，蔣中正為了清共，便成立「特務處」，為軍統局前身
● 由戴笠領導，後來逐漸發展為蔣家政權最龐大的特務諜報機關，
  主要執行情報蒐集、反間等秘密任務

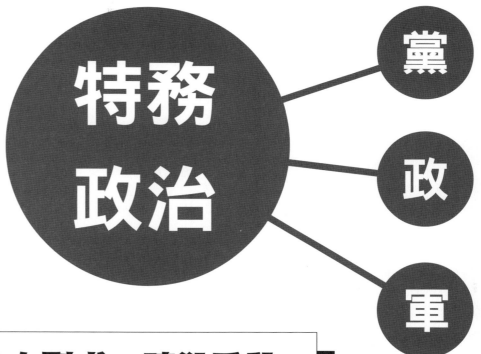

- 1949 年，蔣中正成立「政治行動委員會」
- 1950 年代蔣經國接班，嚴密的情治系統像蜘蛛網

特務政治 —— 黨、政、軍

冷血刑求　暗殺手段

- 深植人心的負面形象被視為現代的「東廠」
- 勢力高峰時期，經常以「肅清匪諜」的名義，對人民進行軍事審判和思想檢查

Q2

臺灣戒嚴時期（1949~1987）的情治系統，主要是由蔣中正所建立。1949 年國共內戰失利，敗退至臺灣的蔣中正為了避免手下的軍人再度叛變，於是建立一套嚴密的情治系統，加強對政府和社會的控制，以防範未然。

是誰建立
這套情治系統？

而後，蔣中正讓兒子蔣經國主導特務機關，在軍隊中發展出「政治作戰」系統，從組訓、輔教、監察、保防、服務等各方面徹底監控軍民的行動與思想。

（編按：根據《國軍政治作戰要綱》，「政治作戰」的定義為：「除直接以軍事和武力加諸敵人的戰鬥行為，皆可謂之政治作戰。」）

然而，時任陸軍總司令、提倡軍隊國家化的孫立人上將堅決反對這種作法，認為這樣下去會造成體制崩壞。當時孫立人為了抗衡，曾在部隊裡成立「良心會」，讓高級軍官也了解底層士兵內心真實的想法，卻也因此與其他政敵埋下衝突的因子。最終他仍不敵權力壓迫，導致歷史上有名的政治迫害冤案「孫立人兵變案」。

Q3

在所有情治單位中，
警總為什麼權力重大？

創立

第二次世界大戰後，蔣家政權為了準備接收臺灣，在 1945 年 9 月於中國重慶設立「中國戰區臺灣省警備總司令部」，由當時的臺灣省行政長官陳儀兼任總司令，集行政、軍事、特務於一身，這種做法仿照日本接管台灣初期的制度，形同將臺灣視為戰時殖民地處理。

戒嚴時期的恐怖代言人

在所有情治單位中，最惡名昭彰的就是警總，在戒嚴時期也由警總負責偵辦各類政治異議分子案件。比起軍事單位，警總經常被認為是秘密警察單位，常以非人性的方式對政治犯刑求逼供，更以「保密防諜」的名義，監控人民的日常生活。它在戒嚴之前就存在，又比解嚴晚了 5 年才撤銷，因此它作為臺灣最高特務機關的時間實際長達整整 47 年，比戒嚴的時間還要更長。

改組

二二八事件過後，1947 年改組為「臺灣全省警備司令部」，由剿滅臺灣人「有功」的彭孟緝出任總司令官。而後又經歷許多次的裁撤、改立，1957 年發生「劉自然事件」之後，蔣中正認為情治單位失責，又將原「臺灣省保安司令部」、「臺灣省民防司令部」等多個情治單位正式合併成「臺灣警備總司令部」。

（編按：劉自然事件又稱「五二四事件」，為 1957 年發生的示威事件，也是台灣在二戰後少有的反美活動之一）

◀ 1920 年建成，原為日治時期的台灣軍司令部，二戰後成為警備總部所在地。

Q4 戒嚴時期 八大情治系統

蔣中正最早以「政治行動委員會」，
召集串聯各個情治單位。蔣經國接班後，
更將這套情治系統發揮到極致。

臺灣警備總司令部

又稱「警總」、「警備總部」、「臺灣警備總司令部」。隸屬國防部，職權是負責戒嚴地區的保安、後備動員、郵件電報檢查與情治等。

國防部保密局

由戰時的軍統局改制而成，在 1950 年前後以偵辦「中國共產黨臺灣省工作委員會」相關案件最著名。1955 年改組為「國防部情報局」，專責國防軍事戰略預警情報蒐集、研整相關任務。

國家安全局

最早隸屬國防會議，名義上是各情報機關的最高統籌機構，但其實當年警總比國安局更具國內情報治安實權。國安局則是有名無權、有將無兵。

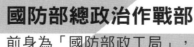

國防部總政治作戰部

前身為「國防部政工局」，掌管國軍政治作戰政策、軍事新聞、心理作戰、組織訓練、政治教育、文化宣傳、保密防諜等業務。

主要目的是有效蒐集各方情報，即時監視、逮捕或拘禁遊走體制內外的反對者。

這些情治單位互相制衡，形成複雜的情報體系。含警總在內，臺灣戒嚴時期共有八大情治系統。

國防部憲兵司令部調查組

憲兵是具有軍法、司法警察權力的獨立兵科，1949 年憲兵司令部在臺復編後，重編為 6 個特高組；1954 年，特高組改為調查組。在戒嚴時期，各調查組也進行情報蒐集、調查偵防的工作。

內政部警政司

現今的內政部警政署前身為「內政部警政司」，是中華民國警察最高主管機關，下轄各警察組織，並指揮監督各縣市警察局。

中國國民黨黨部系統

國民政府遷臺後，蔣中正更加強黨組織的改造。中央設立機關黨部、全臺各縣市設有區域黨部、對國外華僑設有海外黨部，各社會團體也有特別黨部，如知識青年黨部、特種黨部、產業職業黨部等。各黨部工作會透過社會滲透與情報蒐集，來達到社會控制。

法務部調查局

源自「中國國民黨中央委員會調查統計局」（簡稱為中統局）。主要負責有關危害國家安全與違反國家利益之調查、保防事項。也負責「人事室第二辦公室」（簡稱「人二室」），這個單位負責監控公家機關員工。

Q5 校園內的特務系統是什麼？

🕷 「以黨領校」

知青黨部會在校園中尋找吸收目標，如教授、職員、學生、工友、校警等。通常都會吸收各院校校長擔任主任委員，達成「以黨領校」。

🕷 「知識青年黨部」

「教育」是最好進行思想灌輸的場域。中華民國改造委員會為了加強掌控青年學生，成立「知識青年黨部」。專科以上的學校都有設置中央直轄的黨部；中等學校則依學生數多寡設置小組，由區委會領導。

🕷 救國團

一個代表性的活動組織，主要負責為學校施行軍訓、愛國教育、戰鬥訓練和服務活動四大部分。

🕷 學校社團活動

知青黨部會滲入校園各種文藝性質社團、音樂性社團或學術研究社團，如三民主義研究會、臺大文藝社、師院青年會、駝峰報社、成功話劇社、「孔知忠辦公室」等。臺大還有個化名為「覺民學會」的社團，專門在新鮮人到校註冊時，趁機為黨部招收黨員。

軍訓教官

不僅訓導學生們的生活管理與課外指導，也負責審查學生發行的刊物。連校內演講也會干涉，學生既不能上臺發表意見，也不得邀請訓導處「演講黑名單」上的社會人士或學校講師，任何群聚的讀書會或出版性社團都有可能遭到「職業學生」密告。

「春風會報」

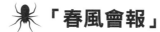

這個全國性組織，由國民黨青工會、社工會、知青黨部等黨組織，以及行政機關教育部、省教育廳、調查局、警政署，軍方單位警備總部及軍訓教官共同成立。主要規劃並總管校園監控業務，結合教職員和調查局雇員，組建「校園安定小組」，積極在師生中佈建內線，監控校園、蒐集情報、打擊異己。

監控海外留學生

當時海外留學生出國前，一定要參加教育部辦的研習，才能得到出境許可。
只要拿了「中山獎學金」，就有義務「打小報告」；被打小報告的學生，有人會在申辦護照時被刁難，
有人會舉家遭威脅，更有人回不了臺灣，直接被逮捕入獄。到了國外，只要有任何抗議國民政府的行為，
就有可能留下案底。回國也會經常被海關沒收書籍，嚴格控管自由思想，而最知名的案例就是「陳文成事件」。
此外，當年許多留學生為了抗議 1977 年「中壢事件」，舉辦了波士頓遊行。
許多人會戴上面具上街遊行，以防身分曝光。

職業學生

他們經常以在校生身分，幫政府收齊
校內反政府言論、監視不同政見的
學生，甚至配合政府煽動輿論。

Q6 關於「陳文成事件」

1975 出國留學後

· 參與同鄉會活動
· 看到「職業學生」拿國民黨津貼打留學生小報告
· 在《安娜堡鄉訊》上介紹臺灣本土作家
· 曾以筆名「曉帆」發表〈徬徨〉一文

陳文成 簡介

· 畢業於臺大數學系
· 1975 年獲得美國密西根大學獎學金
· 1976 年取得精算師資格
· 1978 年以第一名的成績取得密西根大學
　博士學位，獲聘卡內基梅隆大學助理教授

1979 捐款給《美麗島雜誌》

· 1979 年，《美麗島雜誌》即將創刊
· 陳文成發起「民主推動基金」，積極募款
· 美麗島事件爆發，陳文成被國民黨當局盯上

1981 案發後

警總：
指稱陳文成「畏罪自殺」，後來又改口是「意外死亡」

國際社會關注：
· 美國輿論紛紛報導國民黨校園特務問題
· 美國政府通過決議：禁止出售武器給戕害人權的國民黨政府

1981 回臺後

· 1981 年 5 月 20 日，陳文成帶著家眷回臺
· 7 月 2 日，被三名警總人員帶走
· 7 月 3 日，陳屍臺大校園，當年只有 31 歲

2021 至今

· 促進轉型正義委員會 2020 年調查報告指出
「陳文成死於他殺的可能性高」
· 2021 年，陳文成博士紀念基金會募款捐建，
臺大「陳文成事件紀念廣場」落成

Q7 這些情治單位如何滲透民間社會？

情報蜘蛛網，
監控人民日常生活

約談異議人士

蒐集情報，彙整至國安局

國家黑名單

返臺加簽制度

到處都是「諜對諜」！

除了監控人民，不同派系的特務系統也會互相鬥爭、爭奪資源，發生「互相踩線」、舉報「自家人」的情況！在那個時代，誰都不能相信。

為什麼出賣自己人？因為提出檢舉的黨員可以獲得很大的好處。職業學生因此拿到豐厚的津貼，報社職員可以升官。其他軍人黨部、警察黨部、產業職業黨部等，都有相同的機制存在。

情治人員在哪裡？

戒嚴時的掩職

縣市政府公務員

遍布各層級與單位

媒體業

記者的工作性質與情報員相近，
方便掩護任務。

> E.g.1947 年保密局首任站長林頂立籌辦的《全民日報》，旗下許多記者都是保密局的通訊員，整家報社可看成是情治單位的掩體。

退休後的轉職

多元「轉職」機會

國大代表、縣市首長、議員、
警察局長、報社發行人、
戲院老闆、宗教領袖

> E.g. 陳愷曾擔任多屆臺北市議員，1960 年轉戰省議員，順利當選。國聲日報社分社主任、全民日報記者是他從事特務時的「掩職」身分。

洪三雄和陳玲玉訪談

Q&A

Q1.

這部漫畫的開頭場景，在椰林大道上出現歌詞
「This land is mine, God gave this land to me.
This brave and ancient land to me!」，
請問這段歌詞對你們的意義是什麼？

洪三雄（以下簡稱洪）：這段歌詞是電影《出埃及記》（1960年）的主題歌。聖經裡，摩西代替耶穌，帶領一群受埃及帝國迫害的猶太人脫離苦海，去追求他們認同的自由土地。我進臺大後，感受到這裡真的是一個自由學府。如同我從高中時期禁錮的升學主義下，被解放出來的感覺。

▲《臺大法言》1972 年 3 月 6 日
刊登社論〈我們的命運〉

陳玲玉（以下簡稱陳）：這首歌涉及國家意識。1970 年 9 月 10 日，美國國務院宣布將在 1972 年，把釣魚臺列嶼歸還日本，臺大因而發起保釣運動。那是我此生第一次感覺到「國家是什麼？」之後臺大保釣會舉行示威遊行。我們也在 1972 年 3 月 6 日《臺大法言》刊登社論〈臺灣的命運〉。但訓導處要求改為〈我們的命運〉，不能提「臺灣」，才准刊登。那篇文章的重點是最後一句：「唯有臺灣 1400 萬同胞才能決定臺灣的命運」，彰顯我們對國家的認同。當年我很喜歡〈This Land is Mine〉，因為它提醒我們：「臺灣是我們的國家」。

Q2.

在那個年代，女生很少不會做菜。
想請問陳律師那時候是真的都不會下廚嗎？

陳：是（笑）。因為我爸爸非常疼愛小孩（尤其是我），他是無微不至的保護我。在我小時候，我爸就嚴格禁止小孩進入廚房。他只會講臺語跟日語，他常對我說進廚房「tsin huî-hiám（很危險）」，所以我到現在也不會進廚房。我爸也很常說「bē-sái khì ut-táu（不要去碰熨斗）」，這很危險。以前的衣服通通要燙，我們的制服都由傭人幫忙燙平，所以我也不會做這類家事。我媽媽是很傳統式的日本婦女，她是夫唱婦隨，所以不會叫我做家事。

◀ 陳爸爸很疼女兒，不讓孩子下廚。圖為陳媽媽在廚房日常照

▲ 陳玲玉臺大入學日自勉的話

三雄跟我在大學就相識，他和臺大同學都很常來我家吃飯。他很了解我爸的個性，所以結婚之後，他照單全收，我不進廚房。我妹妹結婚前也沒有進廚房，跟我一樣。但不一樣的是，她結婚後就進廚房了。

Q3.

漫畫裡有提到洪董事長很會做菜，是怎麼學會的？

 **洪：**我小時候家裡環境不是很好，不像其他同學有錢去補習，所以放學後回到家就是隨性安排時間。我也比較好動，看媽媽在忙家事，我也喜歡幫她的忙。

所以看著媽媽煮菜，我就會問東問西，比如怎麼炒菜？順序要先下油、蔥、蒜等等。媽媽忙不過來的時候，我就會去幫她，自然而然就學會了。一方面是我想幫助媽媽，另一方面是我自己很有求知欲。不只是做菜，我也會縫衣服。

他會用裁縫機。

 **洪：**以前是那種腳踩的裁縫車。用腳踩不打緊，那時候的裁縫車要踩前踩後，很不容易。我住在美國，我女兒買衣服參加高中舞會。但買回來之後發現美國的尺寸太大，我就幫她改小。

 **陳：**住在美國期間我買衣服時，他都先跟我說：可以修改的衣服，才可以買。回家後，他就替我修改成合身的尺寸。我女兒在美國念初中一年級時，學校要寫一篇作文，題目是「My Hero」，她就寫「我的英雄是爸爸，因為爸爸是裁縫師，會改衣服；爸爸也是個廚師，會做菜；又是個美容師，會幫我剪頭髮。」

▲ 就讀彰化中學的洪三雄

Q4.

當時你們決定不要臺大補助《臺大法言》的 **200** 元。
請問這個 **200** 元在當時是很多嗎？
不想要贊助這件事是可以的嗎？

陳：當時《臺大法言》一期的印刷費用是 2400 元，
臺大補助我們 200 元。

那個時候，1800 元就能支付註冊費跟教科書。

陳：當時三雄經常跟訓導處鬥法，文章也不想讓他們
審。他在 1971 年 9 月 5 日那一期《臺大法言》，寫了
〈對學校開刀，向社會進軍〉這篇文章，文中寫下「我
們欣然放棄校方每期給予二百元的施捨」。他覺得我人
脈關係很好、講話有說服力，就叫我去拉廣告。

陳：所以，我就開始自己去找臺大富二代們，跟他們拉
廣告。當時有臺北區合會總經理的女兒和大同公司董事
長的女兒，以及國泰、新光、大藥廠的兒子，他們都是
我的廣告主名單，我們用自己拉來的廣告費支持《臺大
法言》。辦座談會需要經費，我也拉廣告支應。我卸任
法代會主席的時候，廣告費用還盈餘 7364 元。那時正好有位叫楊超
塵的同學生病了，全校發起募捐。我想：這七千多元是我辛苦拉來的，
不打算留給下一屆，就以愛心捐給楊同學。當時的訓導長張德溥也說
過一句話：「我曾經設法去查洪三雄的帳，發現他們帳目乾乾淨淨，
很難抓得到把柄。」

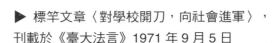

▶ 標竿文章〈對學校開刀，向社會進軍〉，
刊載於《臺大法言》1971 年 9 月 5 日

▶ 放棄校方二百元補
助後，陳玲玉積極向
各廠商拉廣告。

愛國愛人絕不落後
法言捐款贈助超塵

【本報訊】在全校同學們為楊超塵同學付出同學愛而蓬勃的展開捐錢捐血運動之際，六十學年度的「臺大法言社」已決定將他們克勤克儉盈餘的廣告費七千三百六十四元捐贈給楊同學做為醫藥費。

這份一年來頗受全校師生矚目及喜愛的「臺大法言」，在全體社員的努力下，素以「保民主、爭自由、養正氣、尊人權」的立場自勉，經費上則靠廣告費自力更生。當此六十年度的「臺大法言」已因法代會主席的改選而停止出刊時，法言社為服務同學們一致認為捐出他們節省下來

【又訊】法學院的同學們亦不落人後的於十一月二日由法代會、覺民學會、法律學會等社團聯合發起捐款運動，截至十一月四日為止，共計捐款達六千六百廿八元七角整。

▶ 陳玲玉卸任法代會主席時，
將剩餘廣告費捐給楊超塵同學

陳： 另外特別值得一提的是，我剛開始在拉廣告時，我爸並沒有幫我。當時臺大學生大部分畢業後都出國留學，會去補習英文。我想英文雜誌社應該比較會支援我們，所以跟他們提案三次，請他們在《臺大法言》刊登廣告，但都落空。

有一天跟爸爸吃飯時，他問我廣告拉得怎麼樣？我想到雜誌社刁難我，就眼眶一紅不發一語。我爸看我如此，就開始幫我談了國泰的廣告。

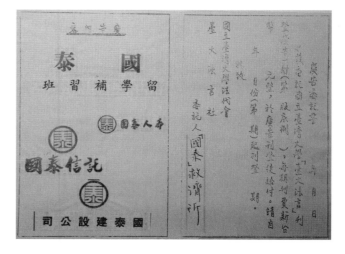

▶ 陳玲玉印製的廣告
委託書，和被她私下
戲稱為「國泰救濟所」
的各家公司商標

Q5.

當時你如何幫學生活動中心爭取到一臺彩色電視？
在改造活動中心時，還有遇到什麼阻力？

陳： 因為我們經常跟學校鬥，所以學校就不給我們贊助。我當上法代會主席後，理出一套「臺大經營學」，做出很多革新。最主要的目的，是要利用臺大法學院的學生活動中心，讓我們自己來賺錢。所以我當時就辦了撞球比賽，印一些禮券，前三名得獎者就有錢拿，大家參與度很高。當時，臺灣的大同公司正好推出第一臺彩色電視機。我就一直打電話給大同董事長林挺生的秘書，想拜訪董事長，可是一直連絡不上。

後來我就想到了一個辦法。當時 0 南公車是直接停在法學院旁邊，我們可以藉由這個公車噪音問題，請紀榮治市議員幫忙聯繫身兼議長的林挺生，結果竟然就成功了。見林董事長的時候，我們先請董事長協調市政府公車改道，再旁敲側擊詢問是否能放一

▲ 法代會 60 學年度第一學期的活動計畫

臺彩色電視到法學院？因為董事長不僅是臺大的校友，把彩色電視放在臺大也是個很好的宣傳。結果他馬上叫一個公關主任來幫忙，請他與我保持聯繫。

但事後公關沒有回應，我就再想一個方法先發制人。1971 年 4 月 20 日，我在《臺大法言》刊登〈林挺生先生訪問記——從「黑白邁向彩色」談起〉，文內寫「經過再三叩關求見，我終於見到了林挺生議長。但是自此文發表為止，法代會仍然跟大同公司周旋於『完全贈予』或『半價優待』，所以彩色電視機仍然安躺於大同公司。」然後寄給林董事長，說明這一萬份《臺大法言》是發給臺大六學院全體學生，之後才終於收到第一臺彩色電視機。結果沒多久，正好美國威廉波特在舉辦世界少棒冠亞軍賽，臺灣第一次得到冠軍。那天晚上實況轉播冠亞賽，全場歡聲雷動，令我很感動。

▲ 陳玲玉舉辦撞球比賽及乒乓球比賽，得勝的就給禮券

台大三月書展

時　間：六十一年三月十四日（週二）─十八日（週六）
　　　　每日上午九時─下午六時

地　點：台大法學院（徐州路21號）體育館
　　　　○南26台北商職站、22、44、15、30成功中
　　　　學站大有10黃6台北商職站

贊助單位：大江出版社、三山出版社、中央圖書供應社
　　　　　天人出版社、天同出版社、水牛出版社、林
　　　　　白出版社、長榮書店、時代出版社（代理協
　　　　　志文化康乃馨）哲志出版社、清流出版社、
　　　　　晨鐘出版社、藝衛出版社、環宇出版社（按
　　　　　筆劃序）

主辦單位：台大法學院學生代表會　學生活動中心　合辦

◀▲ 陳玲玉主辦書展，
以便賺錢來辦《臺大法言》

▲《臺大法言》對公車噪音相關報導

▶ 藉由校園公車噪音問題，成功請紀榮治市議員幫忙接見身兼議長的大同公司董事長林挺生。圖為紀榮治議員來函

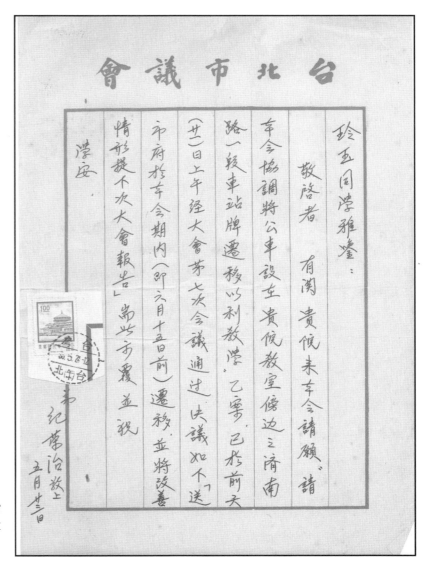

▲ 1971 年 4 月 20 日，陳玲玉在《臺大法言》刊登〈林挺生先生訪問記〉

▲ 學生活動中心，同學們觀看彩色電視盛況

Q6.

為什麼保釣運動激起大學生的熱情？
那這個運動後來怎麼轉變成大規模自由民主的愛國運動？
保釣運動對你們有什麼啟發？

洪：保釣運動其實不算什麼大型運動，只是剛好有一個激發點而已。當時我提出要成立一個組織，大家要我去做主委，但我謙辭，只擔任委員。我的看法是，第一，我們的能力解決不了釣魚臺這麼大的事情，學生能夠解決什麼？第二，有太多人參與，有僑生跟本地生，但我們沒有組織，也成不了氣候；就算成了氣候，也沒有辦法持久。第三，其實我認為最重要的不是專注在這個運動，而是把《臺大法言》當成工具，去實現我們民主自由的言論。所以對我們來講也沒有什麼運動，我們完全就是用文字、辦演講跟座談會，來帶動大家的情緒跟思潮。因為我們在這之前都沒有一個舞臺，像陳鼓應老師也很高興，他說從來沒有一個舞臺，可以讓他上臺講話。

陳：陳老師說：座談會「言論自由在臺大」讓他二十年來第一次講出該講的話，非常的感動。

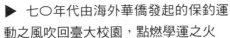
▶ 七〇年代由海外華僑發起的保釣運動之風吹回臺大校園，點燃學運之火

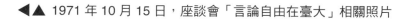

◀▲ 1971 年 10 月 15 日，座談會「言論自由在臺大」相關照片

洪：一個學期辦兩三次活動就已經很多了，你一開始要宣傳，自己做文宣，然後報紙事後又要發表言論來呼應活動。1971 年 12 月 7 日辦「中央民意代表應否全面改選」辯論會，我們就寫過兩篇社論，第一篇就是〈全面改選中央民意代表〉，第二篇就是〈重申全面改選中央民意代表〉。那時候《自由中國》跟《文星》都沒了，後來就是《大學雜誌》接棒，包括我們共五個學生也是編務委員，我們私下跟他們聯合寫文章。

他們把我倆拉進去當委員，覺得我們的思想很接近。

我們的演講會、座談會，他們全文照登，也寫呼應文章。社長陳少廷也請我寫社論。

陳：那時候都要用鋼筆寫文，再刻鋼板，沒有打字機，更沒有電腦，很辛苦。我還記得寫完後，陳少廷老師還會在我們的紙稿上面寫「excellent!」。十幾年以後，康寧祥發行《八十年代》，在 1983 年 9 月那一期寫道：「臺大法代會舉辦的全國第一場辯論會『中央民意代表應否全面改選』，影響了整個社會、整個國家，具有振聾發聵的歷史意義。」

▲ 1971 年 12 月 7 日，陳玲玉舉辦辯論會「中央民意代表應否全面改選」相關照片

▶辦完「中央民意代表應否全面改選」辯論會後，《臺大法言》發表社論〈重申全面改選中央民意代表〉

康寧祥當年也坐在臺下聽那場辯論會。還有張俊宏、許信良。

他們都坐在第一排，兩千多個人在臺大體育館。在那之後，學校就禁止用體育館辦活動。

陳：在保釣運動之前，大一、大二我都只顧念書、拿書卷獎，從來不參加社團活動，也不接受任何人的邀約出遊。別校有男生寫信給我，我也不回信。當時臺大學生大都準備留學，但保釣運動的示威遊行後，激起了我的愛國情操，認識到什麼是「國家」。當時我覺得「大學生是社會的良心，應該站出來為人民做事」。

另外還有一個很重要的影響是，我那時候很喜歡去牯嶺街買禁書，也看《自由中國》、《文星》和雷震的書，裡面就有很多自由、人權、民主的觀念。我就覺得，為什麼書中寫的跟我們現實環境都不一樣？所以我應該要從書中走出來。而且，三雄擔任法代會主席時，我是秘書長。三雄就請我出來競選下一屆主席，我在 1971 年 9 月大三的時候參選。當時法學院有二十九班，我全票當選。三雄卸任主席以後，我們想一個方法讓三雄有一個角色，我們才可以一起做事。當時《臺大法言》是附屬在臺大法代會之下，所以我們就決定另外創立「臺大法言社」，洪三雄擔任社長。

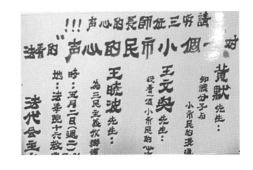

▲▶ 1972 年 5 月 2 日，座談會「一個小市民的心聲」相關照片

我就任法代會主席那一天，第一件事情是修改臺大法代會組織章程，增加一條規定：創設臺大法言社，當天就由洪三雄當選社長。這些都是事先規劃好的。我在法代會可以辦活動、座談會，但辦完之後就結束了；創立臺大法言社之後，就可以刊登全部的活動內容。我動口、他（洪三雄）動筆，就能為臺大和臺灣做一點事情。在保釣運動之後，我辦了四場大型座談會，包括「言論自由在臺大」、「民主生活在臺大」、「中央民意代表應否全面改選」、「一個小市民的心聲」。

▲ 洪三雄將法代會主席一職交接給當時的秘書長陳玲玉

▲ 20 歲的洪三雄主席與 19 歲的陳玲玉秘書長。

Q7.

剛才提到去牯嶺街買禁書，
請問陳律師是自己發現這些書嗎？

陳： 我從初二就開始看課外書。
而且，我爸爸經常為朋友助選，
他很會助選、很會講話，但因為
他不會講國語，所以我初中的時
候就開始幫他寫國語的競選稿。當時香港有一個
出版社叫「今日世界」（編按：美國新聞處在香
港的據點組織，除了出版新聞雜誌以外，也翻譯
許多美國著作），出了很多翻譯的美國傳記。我
發現很多美國總統都是學法為政，我也明白政治
不是一個專門學問，法律才是，所以我初中二年
級就立志當律師。那時我去書店買了第一本法律
書籍《法學緒論》，付款的時候，店員就跟我說
「小朋友，這個是大學用書。」我說我要看。後
來念了臺大，才發現這本書是臺大法學院院長韓
忠謨的著作。

我當上法代會主席、洪三雄當上臺大法言社社長之後，我們還寫了《臺大法言》的信念：「以
生命保證內容，以內容交代歷史。《臺大法言》的立場是：保民主、爭自由、尊人權、養正氣。」
洪三雄很會寫這種 slogan（標語）。

▲ 《臺大法言》報頭、幹部名單、立場、信念

有一次《聯合報》還特別刊載一段小篇幅，提到
臺灣最有影響力的報紙是《臺大法言》，因為我
們很會寫這種大標題。我記得當年退出聯合國，
洪三雄就寫了「漢賊不同窩，再見聯合國」，標
題都是強而有力，每次一發行都會被搶光。別校
的陳永興也是看到《臺大法言》，特地從高雄上
來找我們。我幫「中央民意代表應否全面改選」
辯論會寫宣傳單，就下了標題「莫道書生空議論，
頭顱直處血斑斑」，也引用伏爾泰說的「你所說
的話，我一句也不贊成，但我以生命保證你有說
話的權利」。為什麼會寫得好？因為我很喜歡看
書，都是讀書學習來的。

◀ 臺灣 1971 年退
出聯合國，《臺大
法言》於同年 11 月
1 日刊登〈漢賊不同
窩，再見聯合國〉
一文

Q8.

「臺大法言社」只有法學院的學生可以參加嗎？
當時臺大校內外還有什麼學生刊物？
自由派的刊物有哪些？

陳：臺大有個全校性社團叫「大學新聞社」，臺大
法學院自己的社團是「臺大法言社」，都各自發行
同名刊物。另外，臺大醫學院是發行《醫訊》，文
學院發行《文訊》。我跟洪三雄接手後，《臺大法
言》是發給全校，但《醫訊》跟《文訊》都不會這麼做。有一次
我們還被訓導長叫去問：「法代會為什麼要把報紙發到全校？」
我就回答我們有文章要大家共享。我們一次都印一萬份，也有拉
到足夠的廣告費，又讓台大思惟改變很多，所以引起很大的迴響。

洪：校內主要是三個刊物，法學院《臺大法言》、
醫學院《醫訊》和文學院《文訊》，其他學院基本
上沒有。另外還有全臺大的報紙《大學新聞》和雜
誌《臺大青年》、《臺大論壇》。除了《畢聯會訊》
是學校指派發行的，其他大部分的刊物都經常跟我們的《臺大法
言》溝通合作、分享觀念，我們不會只聽學校的要求。

陳：另外，我們也認識畢業生聯合會的主席，他當時也
擔任《畢聯會訊》的發行人，但我們跟他接觸不多。我
印象最深刻的是，他寫了一篇支持政府派的文章，內容
提到「良人之於妻妾，猶如政府之於國民」。

◀▲ 由畢業生聯合會發行的《畢聯會訊》

Q9.

原本就有審稿制度嗎？還是因為發生什麼事情，
才開始有這個制度？

陳： 當時是戒嚴時期，所謂「戒嚴」就是政府可以不經過審判而去剝奪人民的自由，包括言論自由、人身自由等，所以我們校內刊物全部都要事前審查。我當了法代會主席後有一個很重要的貢獻。當時我在 1971 年 10 月 15 日，辦了「言論自由在臺大」座談會，請了六個教授跟訓導長參加。我們在座談會上特別提到，有言論自由就不應該審稿。如果要審稿，應該由教授來教導我們，而不是由教官，因為教官審稿就是一種思想控制。座談會結束後，學校就成立了「臺大學生刊物稿件評閱委員會」，另外還有一個《臺大學生刊物稿件評閱委員會組織辦法》，由臺大教授成立審稿委員會。訓導長也同意這個全新的審稿辦法，從此教授就加入審稿的陣容。

▲ 臺大的審稿制度，在「言論自由在臺大」座談會之後有了新的變革

Q 10.

那在審稿制度下，跟校方發生了哪些衝突？

陳：我們曾經「開天窗」。有一次，我們輾轉拿到胡卜凱的文章〈知識分子的責任〉，校方審查後說不能刊登。我們就在當期登了文章標題與作者名字，但沒有內容，特別註明「本文奉上級命令禁刊」，再附上小字「我們很遺憾，因為上級禁止我們刊登」，而我們竟然就不敢刊了，歷史上從來沒有哪個報紙「奉上級開天窗」吧。

另外有一次，我們未經審稿就印刷。當時我們都是禮拜六去印刷廠排版，禮拜天印刷。禮拜一上午十點，印刷廠就會把這一萬份報紙送到我的法代會主席辦公室。有一天早上，我進到辦公室就發現《臺大法言》不見了！是訓導處搶先跑來我的辦公室，把報紙搬走、拿去審查。洪三雄立即衝去訓導分處主任辦公室，用腳踹門而入，說：「這是我出錢印刷的，憑什麼隨便拿走？」那是我們辛辛苦苦自己拉廣告費、印的報紙。

另外，也有過被訓導處停刊兩期。為了應付訓導處的各種控制，我們曾經讓同一份報紙，同時在兩個印刷廠印刷，以防萬一。現在回想起來，也是挺可怕的，要一直和校方過招。

▲ 《臺大法言》曾奉「上級」命令禁刊胡卜凱〈知識分子的責任〉一文，導致「開天窗」

Q11.

當時你們把海報貼到椰子樹上的時候，校方有什麼反應？

陳：椰子樹上貼文宣是要宣傳「民主生活在臺大」座談會。之前辦「言論自由在臺大」的時候，我發了一萬份宣傳單。要宣傳「民主生活在臺大」時，我就看上臺大的椰林大道，用圖釘把宣傳單貼在每一棵椰子樹上。我請幾位男同學幫忙，他們第二天就說手很酸，因為我要他們貼一百張。海報文宣都由同一個同學周大中來手寫，因為我要給大家同一個既定印象。

▲ 為了宣傳座談會「民主生活在臺大」，陳玲玉請同學們將宣傳單貼到椰林大道的整排椰子樹上（左起：葉民強、陳玲玉、李宗黎、陳士魁、洪偉堂）

▲ 為了統一大家對活動的印象，陳玲玉請周大中同學手寫一百張海報文宣。圖為兩人合影

Q12.

不同的學校會一起辦活動嗎？
你們那時候跟陳永興是在保釣運動認識的嗎？

 **陳：** 我們的活動都是法代會自己主辦，不會跟其他學校一起，但是我都會請他們來聲援。比如寫一些文章，談座談會的議題、報導活動現場，這樣就會增加迴響。

會認識陳永興，是因為他的妹妹念臺大經濟系，是小我一屆的學妹。她會把每一期《臺大法言》都帶回去高雄給她哥哥看，陳永興看了都覺得臺大太厲害，怎麼可以做這麼多事情。那時候我們有通電話，有一天早上七點多，他就直接按門鈴來拜訪我家。我嚇了一跳，因為他說他坐夜車，到臺北後就直接過來。我就立即陪他坐公車到臺大法學院，找了空教室，坐下來交換意見。主要跟他談談《臺大法言》是什麼、如何辦活動、又做了哪些事等等。我們之後就寫文章互相鼓勵、互相支持，一直到現在都是很要好的朋友。

Q13.

當時在學校辦演講跟座談會時，
遇到什麼阻力或衝突？

 陳： 學校阻力當然很多。例如我們辦「言論自由在臺大」的時候，前後總共申請十五次才成功。因為法學院不敢核准，但是訓導長在校總區，所以我們來回搭了十五次0南公車去找他。現在回頭想起來，我很尊敬張德溥訓導長，因為他每一次都會跟我們說明為什麼不行，我就會修正後再去向他爭取。

我跟張訓導長也會互相妥協，例如原本座談會叫「言論自由」，我就在後面加上「在臺大」，縮小範圍，就獲准了。而我向訓導長說：談臺大的審稿制度，但我們上臺了就擴大範圍至社會。另外，我們也有協調演講人名單。不能只有我邀請自由派的講者，他也有邀請其他保守派的講者。他要求座談會最後由他來收尾。

另外，在辦「中央民意代表全面改選」辯論會的時候，本來訓導長不准，後來成功的原因，是因為我加了「應否」兩個字。訓導長曾說：原本的辯論會名稱透露你私人的想法。最後我還把「應否」兩字加大。

Q14.

為什麼當時已是「臺大新聞社」社員，
卻仍然要創立「臺大法言社」？

> 在臺大新聞社時，
> 我只是主筆之一。

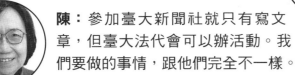

陳：參加臺大新聞社就只有寫文章，但臺大法代會可以辦活動。我們要做的事情，跟他們完全不一樣。

臺大全部的學生刊物，像文學院《文訊》、醫學院《醫訊》內容包括院內的活動，有藝文版、康樂版。但我們是專注寫政論。

▲ 洪三雄「臺大法言社服務證」、「大學新聞社員證」

洪：我們有臺大法律系系刊《法訊》，他們的目的是在聯絡法律系師生的感情、發表跟法律有關的文章。

陳：但代表整個法學院性質的是《臺大法言》。當時我們有四版，臺大校聞、法學院校聞、藝文版和政論版。

> 我們的藝文版
> 也都有反動意味。

陳：為什麼創辦臺大法言社？是因為我們要刊登每一次座談會的情況，再配合座談會和時事的議題來寫文章。

> 跟其他刊物完全不同，等於說把它
> 當成新的《自由中國》在臺大發行。

陳：當時洪三雄叫我出來競選法代會主席的時候，我們已經想好要做這些事情了。你想，我 9 月 18 日選上法代會主席，為什麼我能夠在 10 月 15 日馬上舉辦「言論自由在臺大」座談會？11 月 25 日後舉辦「民主生活在臺大」座談會，12 月 7 日舉辦「中央民意代表應否全面改選」辯論會？這是因為我在暑假還沒參選法代會主席，就已經規劃好了，否則不可能那麼快，因為還要安排教授出席啊！我全部都是事先規劃好才出來競選。我不是今日事今日畢，我是明日之事今日畢。所以我有時間可以重新再思考。我們有很多筆名，其實都是同一個人。因為我們寫政論，要篩選來稿者，文章不夠，就自己寫。

我們要帶動思潮，所以要掌握寫文章的人。

陳：在「言論自由在臺大」座談會之前，我們出版《快報：我們要說話的權利》，錢永祥、盧正邦、洪三雄和我四個人在我家餐廳，一個禮拜六下午就寫好，禮拜天就去印，禮拜一就發行。

洪：我在《臺大法言》的第一篇專論就是〈建國優先論〉，其實就是要繼承《自由中國》。我們不敢說反攻無望，但我們這篇文章的第一個重點是講要先建國，把國家建立好。第二篇是〈民主至上說〉，再來就是〈全面改選中央民意代表〉、〈我們的命運〉，這些都是一步一步來的。我們有一套政治理念，這些都是有先後次序跟脈絡的論述，綜合起來就是一個真正的政治主張。

我們當然也是有別的影響力。比如說有一次學校要把我們記過、停刊，訓導處就要在《大學新聞》登一個啟事。他們要刊一整版說明：為什麼懲罰我們。這不合理。

陳：結果有一個大學新聞社的同學在印刷廠付印前，就偷列印一份完稿，馬上到我家給我們。

我們就去找韓忠謨院長。

陳：我們兩個很天真，跟院長說：訓導長要在《大學新聞》登整版記過公告，請他幫我們致電訓導長。希望他能要求訓導長在下一週《大學新聞》的相同版面，讓我們倆刊登答辯啟事。院長就說事情不是這樣辦的，他馬上拿起電話打給訓導長說：「我也當過臺大的訓導長，我也曾經把學生記過，但是我從來沒有把記過的理由登在《大學新聞》給全校周知。」他就要求訓導長撤刊。

這撤刊不得了，禮拜天就要印刷，印不出來。

因為這樣還要補版面，會來不及。

洪：後來訓導處的課外輔導組就妥協，把原本的記過公告撤掉。還寫了一篇道歉啟事，貼在大學新聞社的門口。禮拜一早上，全校班代表到臺大校總區的學生活動中心去領《大學新聞》，結果領不到。

所以事實上，我們也影響大學新聞社很多。

陳：那時候沒有手機，我們還特地拿照相機去照這篇訓導處的道歉啟事。那期《大學新聞》就延後出刊。

那時候真的好忙，各種鬥法盡出。韓忠謨院長非常照顧我們。

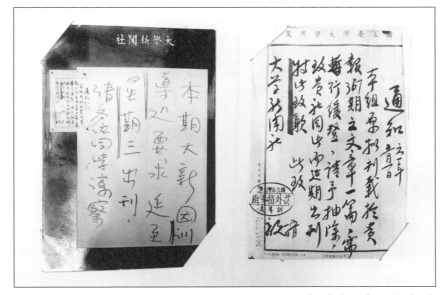

▲ 訓導處撤掉原本的記過公告並公開致歉，當期《大學新聞》延後出刊

▲ 陳玲玉與時任臺大法學院院長韓忠謨合影

Q 15.

《臺大法言》被偷的時候，是怎麼發現的？
後來知道偷的人是誰嗎？

洪：其實不是被偷，是被沒收。那時候《臺大法言》已經出版了，訓導處人員就跑來法代會辦公室，把報紙拿去訓導分處。臺大校總區有訓導處，各個學院有訓導分處，其實就是教官室。結果我去找那些教官的時候，他們把門鎖起來，人在裡面不敢開門，我就把門踢破。

> 他（洪三雄）就說這報紙
> 是我出錢印的，破門而入。

洪：依法據理力爭。他們沒有念過法律，我拿法律出來跟他們講理。現在回想起來，他們也滿可憐的（笑），他們只是訓導分處的老先生。我還記得有一個唐主任，他就說：「拜託你們，我們快要退休了，不要這樣。」

> 應該讓他們
> 平平安安退休。

> 現在回想起來
> 真的很不好意思。

Q 16.

為什麼當時社員都在陳家寫稿、吃飯？
陳爸爸跟陳媽媽不會有意見嗎？

> 因為我習慣下課立即回家，
> 不會到別處去。

> 在家寫文章也方便，
> 吃也方便（笑）。

> 都在我家吃。

> 伙食費很凶，那時候
> 我都沒有錢。

陳：我們法代會的編輯全部都來我家。我考上臺大後，我爸都說「Lín m̄-bók khì guā-kháu tàng-lōo-tsuí, pîng-iú long tshuā tńg-lâi tshù tsiàh-pn̄g（不要在外頭待太久，把朋友都帶回來家裡吃飯）」。我媽只有一個要求，如果十二點要回來吃午餐，十一點下課就要打電話回來說一聲，不要突然一群人就來了，她會措手不及。來吃飯的主要都是法代會的同學，因為我們要一起寫稿子。

兩個禮拜出一份報紙很累的。

雙週刊，然後要一直想題目，還要辦座談會，寫邀請函去邀老師。

還要自己寫稿，真的是很忙。

▲ 臺大法言社社員經常在陳玲玉家寫稿、吃飯，陳家是他們的「八德客棧」

左起：洪三雄、楊庸一、卓垚龍、陳玲玉、盧正邦、林嘉誠

Q17.

陳律師第一次在公車上跟洪董事長告白，
之後有沒有再次告白？

陳：之後就沒特別提啦，因為呆頭鵝
醒了嘛。他當下也不敢說什麼。我那
天告白是我真的受不了，洪三雄一直
叫我當法代會主席。我心裡想，當上
法代會主席真的會嫁不出去，別人會覺得我是很可怕
的女生（笑）。我就假裝跟他說：「我媽說，我如果
嫁不出去，你要負責嗎？」你知道洪三雄多好笑？他
什麼話都沒講。

洪：那時候我們都坐 20 路公車，正
好同一條路，我是在「師大附中」站
下車，她是下一站「郵政總局」。

陳：所以是「緣分」。坐同一路公車，
又一起做法代會。他出門都會幫我拿
書，很照顧我。

▲ 公車告白之後，洪三雄開始幫陳玲玉拿書

Q18.

請問兩位在一起之後，真的都沒有去約會、看電影嗎？
你們第一次一起看的電影是哪一部？

陳：完全沒有約會，連電影都沒看過。不只是洪三雄，任何男生我都不理。我的生活就是下課回家、寫文章、看書。我只會跟我妹妹看電影。

洪：因為我沒有錢，還要去當家教。要看當然也可以啦，但還是要節儉，所以沒看電影。

陳：真的沒有看過一場電影，他也對電影沒興趣，沒有什麼看電影的藝文修養（笑）。我是很愛看電影，因為我爸從小就帶我看日本武士片（チャンバラ，chambara），後來看美國的偵探片，我跟我妹妹很愛看也很常看電影。我跟洪三雄的約會，就是在法代會一起工作，在家裡一起寫文章。第一部電影是一直到我們訂婚之後，可是當時家境不是很好，還在租房子。第一部就是看奧斯卡金像獎的電影，但我已經忘了片名是什麼。

Q19.

畢業旅行時，洪董事長為什麼挑了白色的狗玩偶，
送給陳律師作為定情物？

洪：那時候也沒什麼錢，畢業旅行的時候送的。說到畢業旅行，我們那時候把全班帶去旅行，回來沒有人花半毛錢。因為我們法律系每個學期繳註冊費的時候有一個「實驗費」。理工學院跟醫學院有實驗費，但法律系為什麼也要收這筆費用？所以我就跟學校申請動用「實驗費」。

> 不「實」無「驗」，
> 實驗費。

洪：那時我就向學校說：這個「實驗費」是要到全省各地，參觀法院等等，所以學校就撥款給我們。過了一年後，學校就不敢再向法律系收實驗費了。

陳：這就叫「臺大經營學」（笑）。那時候我大三，三雄大四。他就是在畢業旅行的時候，用一個好小的信封寄來這個玩偶。這是他唯一送過的禮物。我們也沒看電影，那隻狗應該跟一場電影票價差不多。

Q 20.

除了「臺大哲學系事件」以外，
還有哪些與職業學生相關的事件？

洪：講到職業學生，要先來聊聊「陳文成事件」。陳文成是臺大畢業，拿到美國密西根大學博士，在卡內基梅隆大學擔任助理教授。1981 年，他帶著太太跟小孩回來臺灣。7 月 2 日，警總找他約談，因為他曾經跟施明德通過電話，也捐款給《美麗島》雜誌。7 月 3 日早上，他被發現陳屍在臺大圖書館旁的草地上。

這起事件引起美國教育界的憤慨，他們跟臺灣華人團體一起去找美國國會，國會就舉辦一個聽證會，認為有必要開啟調查。CIA 作證臺灣國民黨政府有指派職業學生在美國校園，最後決議美國政府要對蔣經國施壓，派人來臺灣調查，也開始追查在美國大學的職業學生。海外雜誌也以傳記文學的方式，追蹤報導職業學生的行動，發現他們在開始從事情蒐之前，一定會先去「革命實踐研究會」受訓。當時的新聞局長宋楚瑜公告美國來「審視屍體」，其實就是來解剖。結果就判定是他殺，不是自殺，而陳屍地點是第二現場。

國民黨為了對美國政府交代，宣布在沒有確定罪名之前，警備總部不可以再約談相關人士。其次，就是取消海外政治犯的黑名單。因為這個事件，臺灣開始走向民主化，這是一個起步，所以有人把這個命案稱為改變臺灣歷史的重大事件。同時，調查也確立國民黨在美國從事校園間諜活動，國民黨政府總共有五個單位在進行這件事。尤其國民黨還提供中山獎學金，讓領獎學金的學生拿錢做事。

Q 21.

那當時臺大校園裡的職業學生是以黨部為基地嗎？
救國團跟黨部是不同系統，會不會吸收到同一個人？
你們是否有和職業學生交手的經驗？

> 都有。

> 但有沒有吸收到同一個人，
> 我們就不清楚了。

洪： 回到我剛剛講的，當時陳文成事件後，美國國會的調查報告說有很多這樣的學生，他們一方面也領美國的錢。至於校園內有幾個人，就不曉得了。有些人有恃無恐，有些人是暗地來。像後來我就發現有一個經濟系的同學就是職業學生。他很常在一些特別的日子來臨之前，特別打電話過來探聽我們要幹嘛？一看就是有問題，還被我罵。

陳： 我們就是認為他可能是。洪三雄那時就回他說：「我們已經知道你是什麼身分了。」那個人再也不敢打電話來。我們都有測試。

> 測試幾次就知道了。

Q 22.

請問洪董事長當兵時有遇到什麼困難？
軍官是否因為您學運的背景，而有不同的態度？

洪： 基本上我是認為並沒有什麼困難。就算他們知道我參加過學運，也沒有特別刁難我。因為我是在一個連部裡面，我是屬於這連部，但他們把我調到工兵指揮部的政戰處。我就擔任處長的秘書，他都叫我幫他看公文。原本連部的輔導長也不敢刁難我，非常客氣。但他就會刁難其他阿兵哥，去逼他們供出我的言行，政戰就是這樣。

陳： 我記得那時候他們處有作文比賽，因為洪三雄很會寫文章，他還代表那個處，幫處長去參賽得名，處長很高興。

洪： 通常退伍那天早上可以直接走人，結果處長叫我留下來幫他忙，因為剛好那一天他們有黨部大會，他需要請我幫他辦事，我也答應他。我本來早上可以走的，但我到晚上才走。他親自開車從中壢龍岡，送我回臺北。

陳：結果處長就來我家，還進來坐。處長說洪三雄入伍的時候，很多人都說要去監控他。結果他發現洪三雄很好，很正常。

處長後來還寫了一封很長的信給我，很感人。

洪三雄運氣很好，碰到這個講義氣的處長。他很欣賞洪三雄。

▲ 洪三雄於中壢龍岡服兵役期間，經常協助處長處理文書作業

Q 23.

張德溥教官是怎麼來到臺大的？

洪：他那個時候要來臺大之前，是三十三師的少將師長。他是臺灣第一個飛彈營的營長，前途應該很光明，又有念過書。簡單來說，是蔣經國要他來臺大的。蔣經國那個時候是行政院副院長，他想當上院長，掌控所有臺灣的大學。他跟張德溥說，全臺灣的大學都掌握好了，只剩下臺大沒有辦法。因為派去的教官不僅被老師瞧不起，連學生也是。所以就派張德溥去，因為他是真的喝過洋墨水。他是這樣來到臺大的。

照軍隊的慣例，一個軍人被卸下軍裝到學校去，等於是這個人沒有用處了，前途也沒了。否則在部隊裡頭，通常會一直高升。蔣經國承諾張德溥，去做兩年臺大總教官，回來就當軍長。張德溥說：「我知道情治單位在臺大從事地下反共工作，我不過問他們的工作情形。」當時臺大校園布滿黨政軍的情治系統，包括職業學生。以前我們註冊一關又一關，最後一關是國民黨黨部，都會拉攏我們入黨。另外也有救國團，他們還有正式的辦公室，叫「孔知忠辦公室」。

張德溥只跟蔣經國提了一個條件：「如果這些組織要有實際行動，比如搜查校園、查禁違禁物品、約談學生等，事前都必須經過我的同意。」蔣經國同意，還當場電話打給當時的警備副總司令交代這些事。

Q 24.

你們認為張德溥教官對你們有什麼樣的影響？

洪：那時候的我們，跟他有很多衝突，也很不喜歡他。主要是因為被他懲處很多次：申誡、小過、大過、《臺大法言》停刊兩次，我們認為都是他搞出來的。

> 後來洪三雄被限制出境，我們心裡就認定這一連串都是張德溥造成的。

洪：張德溥本來要回軍中，但他在臺大的時候鋒芒畢露，拿著蔣經國給他的尚方寶劍，完全不配合那些黨、政、軍組織，尤其那時又是王昇權力最高峰的時候。所以他最後就沒辦法回去軍中升軍長，被改派到經濟部物價督導會報。他在那邊做了兩年以後，覺得回軍中無望，就提前退休了。他在經濟部的時候也是很認真做事，操守很好。

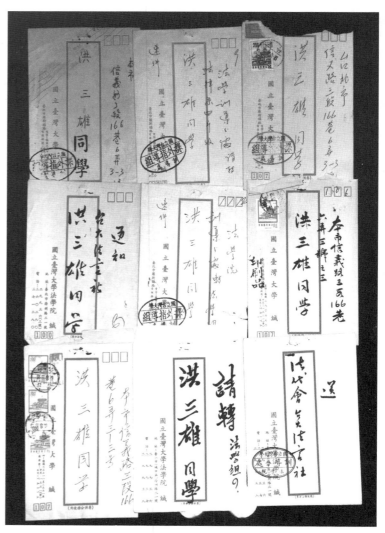

▲ 當年遭校方約談的通知書

後來我爸爸有一位經營貿易的好朋友蔡永興先生，因為工作關係在經濟部遇到張德溥。

陳：見到面後，他才告訴我們，「快報事件」的隔天，警總派人到臺大來抓人，他用尚方寶劍保住了洪三雄。

洪：張德溥跟蔡先生說，他在臺大最欣賞的兩個學生就是洪三雄跟陳玲玉。我們以為是開玩笑，怎麼可能？

洪：我們現在回想起來，才知道為什麼我們闖了那麼多的禍都沒事。尤其我闖過最大的一次禍，就是我們辦「言論自由在臺大」座談會的時候，我們自己印了一份《快報》，完全沒有審稿。

那時候我們剛好移民美國，也聽說他住在舊金山灣區。

陳：因為當時學校有個規定，新聞稿不用審稿。我們就走漏洞，說《快報》是新聞稿。

題目叫「我們要說話的權利」。

洪：我們那時候就住在舊金山國際機場附近的 Millbrae（米爾布雷），聽說張訓導長住在往南開車四十分鐘車程的一間私人養老院。

是為了要預先宣傳「言論自由在臺大」座談會。

▲ 僑胞傳閱《快報：我們要說話的權利》，引起軒然大波。甚至險些導致洪三雄被捕，幸虧張德溥總教官阻擋警總拘捕

洪：一般報紙有四個版面，這份《快報》只有兩個。剛好那個時候，外交部都會在十月間招待華僑歸國參加雙十國慶，到各地參觀，剛好參觀到臺大。他們在椰林大道上停了好幾部遊覽車，車外都掛著紅布條「歡迎華僑歸國」。我想「太好了！就把《快報》發到他們的車上。」

這完全是命運。

那天晚上，華僑剛好在僑光堂晚宴。

僑委會宴請僑胞。

洪：當時就有僑胞拿出《快報》，問為什麼明明中華民國是自由國家，臺大學生卻要求他們要有說話的權利？隔天，警備總部保安處副處長吳章炯就拿拘票要來抓我。那當然，他一定要先去找張德溥，張德溥就拒絕。

警備總部對張德溥報告，說：洪三雄涉嫌共產黨。

洪：張德溥就跟對方說：「我認為洪三雄既不是共產黨，也沒有共產黨的嫌疑。」吳章炯又質問：沒看到反動言論嗎？張德溥接著說：「指責政府就是反動言論？兩者沒有等號！學生指責是對的，我們就要接納。若是不對，我們就要指出，細心教導。這不足以構成共產黨的嫌疑。」接著吳章炯又問張德溥臺大有沒有共產黨？張德溥回答：「如果沒有的話，哪有這麼多事情？年輕學生思想簡單，容易被人利用。」警備總部叫他交出一個共產黨嫌疑人出來，張德溥就板著臉說：「我在臺大，每個師生都知道我是軍訓總教官又是代理訓導長。共產黨會那麼笨，在我面前暴露言行嗎？不可能！」這些精采對話都寫在張德溥的回憶錄。張德溥真的厲害，辯得對方啞口無言。

陳：在那之後十八年，我們去美國 San Jose（聖荷西）拜訪他。他就講了這一段往事給我們聽。我問他：為什麼敢跟警備總部說洪三雄一定不是共產黨？他說：他曾經一個人開著他的小金龜車，一路開到彰化去看洪三雄的家，明白洪三雄出生平凡的家庭。

貧困啦（笑）。

陳：爸爸退休，只靠媽媽做一點裁縫維生，洪三雄跟外面的人完全沒有接觸。像我還比較常跟外面接觸，因為我爸爸會帶我去一些重要場合。所以洪三雄不可能是共產黨，他最多是有想法的人而已，因此張德溥才敢保洪三雄。這真的很感人。

洪：他後來說想寫回憶錄，我就答應幫他寫，那時候我只發表了兩篇在《傳記文學》，因為還有一些相關人士還在世，不方便出版。有一年 8 月 17 日，他的媳婦從美國打電話來臺灣，跟我們說張德溥過世了，他生前有交代要請我寫五百字以內的墓誌銘。

陳：因為他說：「洪三雄是最瞭解我這一生的人。」他覺得他的一生中最重要的片段就是在臺大當總教官的時候，他其實蠻希望臺大有一個自由的氣息，真的是一個很了不起的人。我現在回頭想，如果不是他，我們怎麼可能辦得成這些活動？無論如何，都是他准我們辦的。而他自己也有壓力，所以他把我們記過，是對上面交代。

沒有他，我們不可能有這些機會。而他其實也是在實踐他的想法，與我們不謀而合。

▲ 圖為多年後兩人在美國加州聖荷西與張德溥、陳鼓應見面合影

Q25.

師大學生郭譽孚當時真的在臺大校門口拿刀割腕？
對師生們造成什麼影響？

洪：郭譽孚是我們同學錢永祥、盧正邦的朋友，是師大的學生。在臺大哲學系事件之前，警總開始進校園抓人，抓錢永祥、王曉波、周一回這些人。那時候的校長閻振興不聞不問，所以郭譽孚就跑到臺大校門口割腕自殺。因為這樣，校長才去把他們保出來。

陳：那時候三雄已經在當兵，我是大四下學期。當時剛好我得到肝病，我妹妹幫我去學校申請休學。我記得是1973年2月12日開始抓人，那是一種凌遲。每天都抓一個人，不是一起抓，寫《臺大法言》跟《快報》的人都被抓，參加過座談會的王曉波、陳鼓應也都被抓。2月17日晚上，我妹妹半夜醒來抱著我痛哭，說：「下一個會不會就是姊姊？」2月18日早上十點多，郭譽孚跑到臺大校門口割腕自殺，用血書寫下「救我的同學錢永祥跟周一回」。因為事關血諫，閻振興才去保學生出來。那時候三雄在當兵，他是在軍隊裡被調去六張犁問話，盧正邦他們被關了七、八天。很久以後有人權平反活動，他們也有去申請國家賠償，是一個象徵意義。

2018年，臺灣國家人權博物館成立，出版一本書《尋找一株未命名的玫瑰──記憶、白色恐怖與酷刑》，也收錄「1970年代台大學運的故事」。書中重點是二二八事件之後，臺灣政治犯的受難經歷。比起那些受難、受囚、被殺害的人，我活得太好了。所以我就問館方，為什麼也把我們的事件收錄進去？館方回答：「當時你在進行反政府、護人權的活動時，你只是個大學生。而且，當時造反的人都是地下工作，你是安排一個講臺，公然討論。」博物館成立當天，我被邀請去演講、現身說法，因為館方認為這是一個很難得的機會。很難得還有一個活著的人給予第一手資料。

後來陳鼓應老師給我一份資料。主要是在講這件事發生沒多久，1973年3月16日，《紐約時報》特別刊登出來，記載臺灣有一個學生到臺大割腕，所以這些被抓的師生才被放出來。可見這個事件也在國外引起注目。

▶ 《尋找一株未命名的玫瑰》收錄多篇臺灣白色恐怖時期人權受害的故事

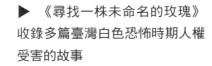

Q 26.

請陳律師敘述一下，錢永祥被釋放後，
馬上跑來知會的情形。

陳：1973 年 2 月 18 日那天，我原本不知道臺大校長保他們出來。那天下午四點多，我家門鈴響了，開門發現是錢永祥。他說他被放出來了，但不知道釋放原因是什麼。他從警總出來的時候，被要求寫十個最好的朋友名單，才能走。他當時想，寫了也不知道能不能被放出去；但不寫，就一定不可能被放出去。他也想：寫《快報》的就是臺大法言社那四個人，不寫陳玲玉的話，警總一定不會相信他的話。他也知道我那時候臥病休學，也想到我是女生，考慮很久以後，他把我寫在第十個。他被放出來後也沒回家，而是直接跑來我家，因為他想趕快告訴我情況，也許警總馬上會來抓人。他真的很有義氣。

以先生之仁征，崇尚主義，來到祖國，乃奮徒加入國民黨，思欲竭心盡智，以報吾土、吾國、吾民之恩；奉行主義以踐民有、民治、民享之境。壯志勁節，始終不渝。

溯自吾黨東渡來台，反攻迄無寸展，可憐青絲成白髮；與國喪亂成殘，自辱國格陷孤島；民族主義乃失。卅載於茲，動員戡亂又戒嚴，憲政橫遭擱置，民主徒託空言，自由慘受限制，民權主義又失。卅載於茲，政權與財閥相結，富商位尊，農工受賤，貧富懸殊，民生主義又失。

嗚呼！民權不立，民生不均，吾黨之魂失之久矣！苦心憂思，蓋以吾黨專政久年，權令智昏，利使志窮；政府難得公僕，等因奉此，欺下瞞上；學者泯滅良知，類多鹿馬，搖尾乞憐；報刊攀權附勢，見利忘義，壟斷輿論，強姦民意。廟堂多憾事，江湖啞無言，此情此景，豈忍辛睹？緬懷諸先烈，悠悠我心悲。

吾黨來台，始終寵於民。惜乎黨官不肖，坐令民有、民治、民享之理想淪爲河漢，愧對全國國民莫此爲甚！吾等辱爲黨員，甘以清流罷黨禍，不爲亡國作忠臣，乃藉此選舉、報備競選中央民意代表。此心此意，端在面對全體同胞，痛悔吾黨之失，矢志恢復國格，提高國位；勵行憲政，還政於民；實現民生，平均財富。邁來，民智已開，人心思變。天下者天下人之天下也，願吾黨靜聆警世鐘，願同胞奮爲革命軍！期以推誠相與，共襄國是。庶幾勇挽國運於不濟，撥雲霧而見青天。

中華民國六十七年十一月

▲ 當年陳鼓應競選時的文章〈告中國國民黨宣言〉造成一時轟動，許多人以為是王曉波所寫，解嚴後才解密實為洪三雄執筆

另外很有義氣的人是王曉波。那時候正好開放中央民意代表改選，我們就鼓勵陳鼓應老師去競選國大代表。與其在臺大教堂演講，不如出來選舉，講給街頭的人聽。洪三雄就跟他說，要先放棄國民黨籍，因為國民黨不自由、不民主、不民權，我們就印了很多〈告中國國民黨宣言〉，到處發。這個傳單不會寫撰寫者是誰，但文章寫得太好了，大家以為是王曉波寫的。王曉波也沒有特別講明其實是洪三雄寫的，因為王曉波的媽媽是二二八事件的受害人，他覺得他們家已經有一個人被抓了，再加上他的身分比洪三雄好，不去講明，這樣警總才不會抓洪三雄。解嚴之後，王曉波才向大家說：那篇文章其實是洪三雄寫的。總之，當年的師生情誼、同學互助，對我們來說都很珍貴。

從事後諸葛的角度回頭看，如果沒有郭譽孚血諫，警總就可能會持續一個一個抓。他這樣的舉動，救了大家。

Q27.

請洪董事長描述一下，當時在六張犁軍事基地被問話時的場景。當時被問了什麼問題？

洪：基本上就是問為什麼做這些事？並沒有特別的事情。我那時候只被問一天，所以內容真的不太記得。一天的拘提及詢問，算是我們所有人裡面最短的了。我當天也是早上四、五點就被叫起來。因為我們工兵指揮部是隸屬第一軍團，要先送到軍團政戰處那裡，之後再把我送到六張犁，就是現在臺北醫學大學附近。

我的記憶是：
他有被交代不能講細節。

Q28.

請問陳律師一開始當律師的時候，
主要是承辦什麼樣的案件？

陳：基本上都是商務案件，一開始也有做一些訴訟，也是商務相關。我覺得臺大學運真的是我成長的養分。《天下雜誌》有一篇文章說「陳玲玉律師二十二歲出道，是個絕對有意見的律師」。這是因為我很早就取得資格，研究所二年級就考上律師。我那時候是偷偷執業，因為我成績很好，所以王澤鑑系主任跟韓忠謨院長都沒有禁止我執業。那時候我辦案就能夠不屈不撓、屢敗屢戰。之所以「絕對有意見」，是因為一般律師在做案子時，寫法律意見書都先寫法律分析，「甲說……」、「乙說……」等等，但大概就這樣而已。但我寫完分析之後，一定會補充：如果我是貴公司，我認為應該怎麼做。

到現在，面對不公義的事情，我還是會出來說話。從二十二歲那年過了五十年後，我一點都沒有改變。這樣的個性是臺大教給我的，每一個臺大老師都很有 guts（膽識）。比如說，我大一印象最深刻的是理哲學課，當時我第一學期期中考拿到最高分。下次考試後，劉福增老師就叫我幫他改考卷。他帶我走過臺大椰林大道要回他的辦公室時，

他告訴我：「臺大的校舍一棟棟的都蓋，臺大的精神在哪裡？」這些往事都給我很大的啟發，讓我明白，人擁有的不只是「物質」，還有更多「精神」層面。

陳：他教導我，邏輯就是腦袋要清楚、要理性，要做律師就是要這樣。我辦案不屈不撓以外，碰到逆境屢敗屢戰，會找很多證據，鍥而不捨。

劉福增跟陳鼓應老師都是殷海光嫡系學生。

▲▶ 陳律師擔任國際通商法律事務所合夥人

THIS MONTH IN
TAIWAN
REPUBLIC OF CHINA

YOUR OFFICIAL GUIDE TO TAIWAN PUBLISHED MONTHLY BY CHINA COMMERCIAL SERVICE INC., IN COOPERATION WITH THE TAIWAN VISITORS ASSOCIATION

July 1988

Lindy L. Y. Chern joined the Baker & Mckenzie Taipei office as a new partner recently. Ms. Chern received her Bachelor of Law and her master's from the National Taiwan University. Her experience covers 11 years of practice in areas such as commercial law and civil litigation. She is the host of a local TV program called "Today-Life and Law". Seen from left are Attorneys John Lee, Keye Wu, Dolly Lo, Lindy Chern and William Atkin.

Q29.

**請問洪董事長為什麼沒有一起去當律師？
有被剝奪考試資格嗎？**

洪：我可以考。我大二要升大三那一年，就考上司法官高考檢定考試。如果大學還沒畢業之前，高考檢定考試就及格，等同你已經大學畢業了。通常是畢業後才參加高考。但我大三就開始搞學生活動。

因為他開始搞活動，所以他就沒去考律師。

就沒有太多時間再準備考試。

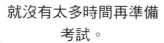

陳：後來司法院也改制，再也沒有檢定考試。一定要念完大學四年法律，才能去考律師。

洪：也因為這樣，有一個很溫馨的故事。高考有典試委員，就是出題委員。那時兩個很有名的教授張國鍵跟鄭玉波都對我說，要準備高考可以去他們家，老師會親自教我。這兩位教授都很有學問，是商事法及民法領域的權威。雖然他倆願意教我怎麼考試，都對我很好。但我還是沒有時間去考（笑）。

後來我們結婚，我也覺得我們兩個有一張律師牌就好了。

對，也不必了。

陳：因為考試要花很多時間，一年只錄取十個，很多人念了也不一定考得上。所以還是有一點運氣。

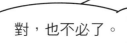
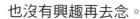

也沒有興趣再去念。

陳：我有些同學念了兩、三年以後，也沒再繼續考了。因為準備考試很無聊，我一考完試就把所有考試用書丟掉了。

Q 30.

請問洪董事長畢業後，找工作有遇到困難嗎？
一開始從事什麼樣的工作？

洪：我還沒退伍前，華南銀行請臺大推薦前三名的男性畢業生，法律系、商學系、經濟系各三個人。法律系辦公室就推薦我去華南銀行。雖然我通過筆試跟口試，但還是要經過人二室（人事室第二辦公室）核准。

「人二室」就是管思想的，學校、公司都有。

洪：他們的運作是這樣：如果你思想有問題，他們就會有一個資料袋專門記錄你的行蹤，發給你的初中訓導處、高中訓導處、大學訓導處，畢業後就交到你當兵的部隊，再來可能就交到你工作的地方……這個資料袋會一路跟著你，這是現在完全無法想像的事情。所以那個時候，我的資料袋就傳到華南銀行。他們就阻撓我去上班。

後來主要是我爸爸用了很多關係，跟銀行保證洪三雄不是一個思想犯。

那時候還沒有金管會。

洪：進了華南銀行以後，我做了很多事情。那個時候的銀行不像現在的銀行，有一個窗口就能幫你辦各種不同業務。那時候分成很多不同的窗口，出納只負責金錢進出，支票存款、存摺存款、定期存款、匯兌都有各自專門處理的窗口。我進華銀時，銀行業務隸屬財政部錢幣司。

洪：那個時候，銀行業務開始要現代化，要改成臨櫃所有業務都能辦理。以前的櫃檯像當鋪一樣，高到客人都看不見辦事員，現代化就改低到能與客人平視的高度。因為我是法律系，所以被派到放款課，現在叫授信。以前只有處理借款，現在業務很多元，借款、申請信用狀，保證都可以承辦。我那時候幫忙主編華南銀行的授信業務手冊，介紹授信服務的種類。後來，掌管華南銀行、第一銀行、彰化銀行、合作金庫、土地銀行的臺灣省財政廳，也需要我們幫忙編纂這種業務手冊。

我那時候進去是最初階的業務員，後來改叫辦事員。之後，掌管全省放款作業的總行審查部經理羅際棠，也請我負責業務現代化的工作，包括怎麼去教育員工。那時候我一個業務員在臺上講課，臺下是經理在聽課。另外我也協助訂定很多辦法，建立流程。

Q 31.

那個時候大部分的學生就是學業第一、打工賺錢，比較沒有在關心國事。為什麼您會開始參與這些運動呢？

洪：因為我的父親以前就很關心國事，他是一個資深報人，辦過幾個報社。他在民國前出生，是一位私塾老師，也是地方的頭人跟意見領袖。臺灣開始有地方縣市自治選舉時，他就開始參加了，這在以前都叫黨外運動。所以我都有受到影響。

像那個時候彰化第一次選縣長，有一位選舉人叫石錫勳，有人為他寫過傳記。那個時代的黨外人士不可能選上，所以他選了兩次都沒當選。他是東京帝大（今東京大學）的醫學博士，在彰化開診所。石醫生參加黨外運動後，政府就派了站衛兵駐守在他家門前，結果大家都不敢去他的診所了，可是我爸還是經常帶我去那裡。所以我慢慢就耳濡目染一些黨外的民主意識。

那個時候，臺灣有兩個主要的思想性刊物，一個是《自由中國》，另一個是《文星》。但很不幸的，在我們念書的時候，這兩個雜誌都已經被停刊。所以我們就開始去牯嶺街找，那邊都有。政大也有一個東亞研究所，那裡等於是政府一個智庫，政府也會把有思想的人派去那個地方。

▲▶ 洪三雄將《臺大法言》的文章集結成冊，由父親洪宗玉創辦的「新生出版社」發行。但出版兩個月即遭警總查禁，成為禁書

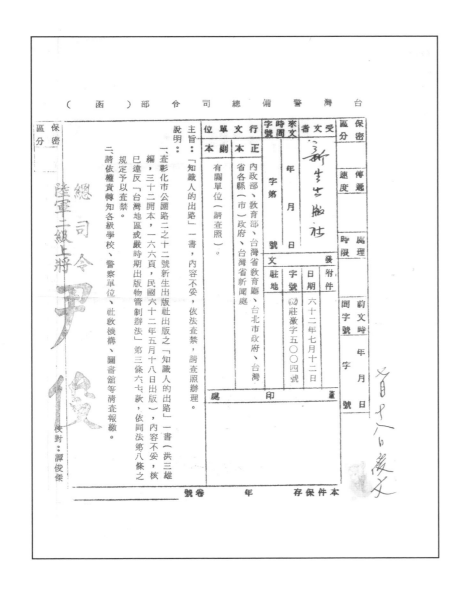

《自由中國》會停刊，是因為文章提出「反攻無望論」，直接提出政府不可能反攻大陸。我們現在看，也印證他們說的是對的。雷震是發行人，殷海光是主筆。殷海光是臺灣自由主義的導師，他引進所有自由主義的思想，專制政府最怕的就是民主思想，《自由中國》這兩個元素都有。後來雷震被抓去關，殷海光雖然沒有入獄，但過得很淒慘。政府把殷海光所有的財源都切斷，不讓他教書，解除他在研究機構的職務，拿不到研究費。他也不能發表言論，住家門口還有警衛。等於把他逼瘋，他五十歲出頭就過世了。

陳：我們進臺大的時候，他已經不能上臺教書了。不久他就過世了。我跟洪三雄從以前到現在都沒有變過。我們在臺大的時候，就努力宣揚自由、民主、人權這三件事。現在我們參與陳文成博士紀念基金會推廣人權，以殷海光學術基金會推廣自由，以康寧祥的台灣亞太發展基金會推廣民主。洪三雄在這三家基金會擔任董事。

我在高二及大四罹患兩次大病，都被醫生救活。在戒嚴時期，則有很多老師、同學們庇護我。我常常覺得：我在苦難的時代被留下來，一定是因為老天爺要我去做點什麼事？所以洪三雄和我到現在都努力推動各種公益活動，也始終捍衛「爭自由、護民主、養人權」的理念！

Q 32.

現在回頭看臺灣民主化過程，
有什麼要建議要給現代年輕人？

 洪：民主自由是一個普世的價值，但你得到了以後要做什麼？這才是問題所在。我們做學運是在 1970 年代，1992 年開始到 1996 年總統人民直選，是臺灣政治變動最大的時候，那時候才開始真正實現臺灣民主化，也開始建立法治，警備總部也退出。

戒嚴共三十八年，但民主化的過程前前後後經歷了五十年。那時有所謂的「戒嚴三寶」，其中一個就是為了戡亂共匪而訂定的《動員戡亂時期臨時條款》，它凍結了憲法，憲法沒有用了。所以總統可以無限期連任，那時候一任是做六年，而蔣介石連任了五屆，做了快三十年。

當時中央民意代表有立法委員、監察委員和國大代表，而以前總統是國大代表間接選舉，不是人民直選。所以我剛剛說，1992 年臺灣才真正開放公民直選，才是真正的民主化。在這之前，這些中央民意代表都不用改選，因為他們是從大陸過來的，代表法統。那時候政府的主張是還要反攻大陸，怎麼可以把他們改掉？所以他們就一直做下去。

 陳：所以我們那時候舉辦「中央民意代表應否全面改選」辯論會時，就說「人死了，法統跑到哪去了？」現在想起來，那時候的話講得很難聽（笑）。

 洪：對，所以我們那時候就主張要全面改選。現在民主了，變得自由了，但臺灣面臨的困境是「打著自由反自由，打著民主反民主」。原因是因為現在有所謂「白色執政」，指摘現有的政治都不好，一窩蜂出現新的反動力量。但這些人卻沒有任何中心思想，所以現在有很多人後悔之前去支持白色力量。

 我們的立場跟信念一直都一樣。我現在回頭看，我大學時候講的話跟現在講的話並沒改變。

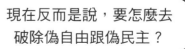  現在反而是說，要怎麼去破除偽自由跟偽民主？

陳：我想講的話是一樣的。自由不是天上掉下來的，是前人用血汗爭取來的。今天在講自由，很重要的一點是：你不可以侵害別人的權利，不可以假自由之名去行禍害之事。另一個角度來講，政府應該要執行法治，政府自己要有力量。很多人民出來示威、參加遊行、參加活動，都是給政府一個支持的力量。政府也要以法治規範濫用自由、胡搞民主的人。

洪：我自己寧可相信這只是一個短暫的過程，而這段過程要緊的是怎麼盡快導正過來？如果真的可以導正回來，不花費太多時間，也不要犧牲太多的人力，那麼另外一個階段就會成功。

陳：我覺得臺灣有沉默的大多數。我跟洪三雄前陣子去參加「反對不肖立委在國會擅自擴權」活動後，有主持人訪問我，並且告訴我，觀看我的演講並留言的人數超過十五萬人，包括國外，因為臺灣人不只互相轉傳，還把這個影片傳到國外。可見大家都很清楚是非對錯、該怎麼做，臺灣人只是不講話而已。有時候福禍很難講，一個不好的事情，我們站出來把它扭轉成為一個正面影響，那也是一件幸運的事。

洪：所以大家都問，為什麼我們都七十幾歲了，還要上臺講話？是因為我們想用自己的親身經驗，讓大家知道自由民主的可貴。而且它不是天上掉下來的，是經過五十年，臺灣犧牲了多少人的生命，犧牲了多少家庭的幸福才換來的。

洪：五十年的付出換成今天的自由、民主之後，竟然不珍惜。五十年前是打著「反共抗俄，反攻大陸，萬惡共匪」的口號，今天竟然還去附和共產黨，企圖讓臺灣重新變成另外一個不民主、不自由的地方。這是不對的！所以這就是為什麼我們要重新站出來。

民主自由跟經濟發展有什麼關係？

開放民主自由很重要嗎？

別傻了，
沒有民主自由，
錢賺得再多
也不是自己的！

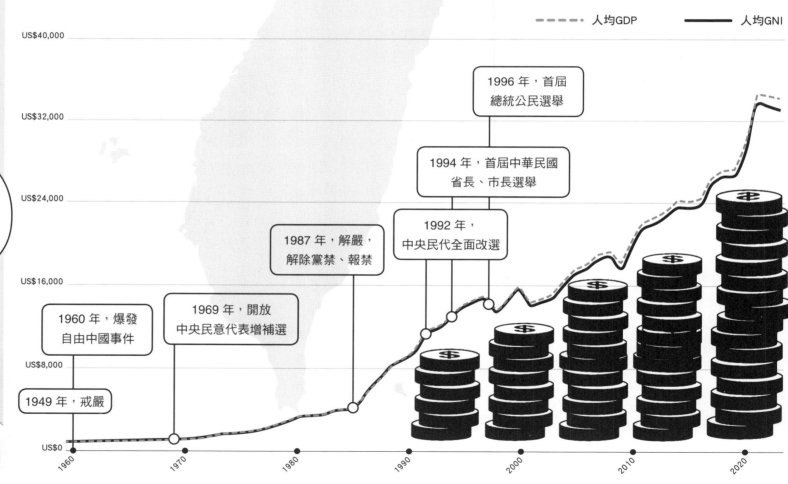

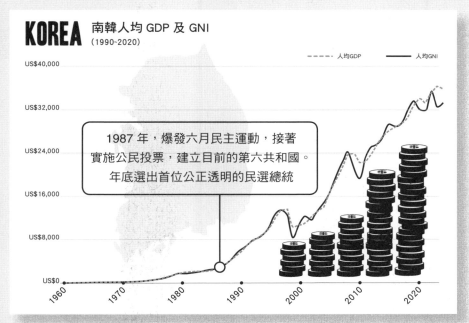

KOREA 南韓人均 GDP 及 GNI
(1990-2020)

------ 人均GDP —— 人均GNI

US$40,000
US$32,000
US$24,000
US$16,000
US$8,000
US$0

1960 1970 1980 1990 2000 2010 2020

1987 年，爆發六月民主運動，接著
實施公民投票，建立目前的第六共和國。
年底選出首位公正透明的民選總統

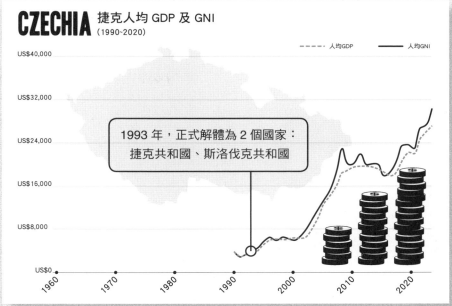

CZECHIA 捷克人均 GDP 及 GNI
(1990-2020)

------ 人均GDP —— 人均GNI

US$40,000
US$32,000
US$24,000
US$16,000
US$8,000
US$0

1960 1970 1980 1990 2000 2010 2020

1993 年，正式解體為 2 個國家：
捷克共和國、斯洛伐克共和國

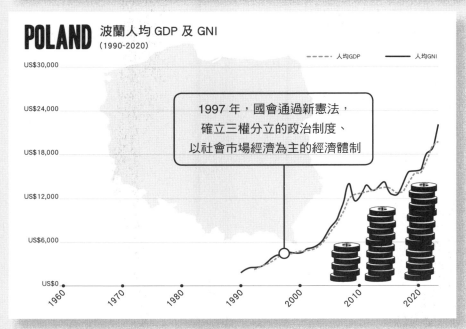

POLAND 波蘭人均 GDP 及 GNI
(1990-2020)

------ 人均GDP —— 人均GNI

US$30,000
US$24,000
US$18,000
US$12,000
US$6,000
US$0

1960 1970 1980 1990 2000 2010 2020

1997 年，國會通過新憲法，
確立三權分立的政治制度、
以社會市場經濟為主的經濟體制

哇！越民主的社會，
經濟發展越好！

對，你看明朝比較明顯的特務系統，先是錦衣衛，再來因為不夠信任太監，就建立東廠。然後太監跟普通官員的系統分開以後，彼此就不會交流，好得到信任。再來，太監自己的內部系統也再細分，像太監劉瑾又再開西廠、內行廠。

這些特務系統，對社會造成什麼不良影響？

它會形成告密的壞風氣。你不知道告密的人是出於私怨還是私利，本來沒事變有事。那又因為這是「秘密」，所以沒有充分的證據。民主基本上就是要自由、透明、公開。

特務系統多起來的時候，會對社會形成什麼樣的破壞？

信任，你不知道誰會出賣你。社會如果沒有基本的信任，就很難往前進。因為大家會把力氣消耗掉，等於輪子一個前進，一個後退。一邊踩油門，一邊踩煞車，你無法全速前進。

除了明朝以外，難道別的朝代就沒有特務嗎？

有，但是明朝是把「特務」這個系統公開放到檯面上，還給他們很大的權力。武則天也養過很多特務負責向她告密，但她沒有公開化。

所以錦衣衛是第一個公開化的特務機構。

對，「公開化」就表示這個朝代、這個皇帝不重視道德，不在乎公開做壞事。

那臺灣的特務系統是怎麼劃分的？

基本上是以兩條線為主，一個屬於「軍」，像警備總部。當時叛亂罪都屬於軍事審判，軍法就沒有什麼人權了，重點是要最快得到效果。

另一個系統是什麼？

再來就是「黨」。黨部在政府組織以外，所以它的彈性就很大，可以用各種工作會的名目。比如說婦女工作會就監視所有婦女界的事，社工會表面上是社會工作，但可以監視所有的團體。海工會監視海外僑胞，青工會監視青年工作，文工會監視文化事業。

這樣有好多組織。

統治者往往為了方便控制，而國家又沒有法律控管時，他就會成立屬於他個別隱密的單位。就像美國尼克森總統爆發水門案件時，才查出他有個「水管工工作室」，他手下有一些「超級瑪利歐」。這些都在體制外，不受體制的規則跟法律的約束。

那體制內的特務呢？

比如說調查局基本上是管案件，軍事情報局是管軍事情報。那美國分得更清楚，調查局管國內，中央情報局管國外。

難怪會越生越多。

特務之中的掌權者，又會自己再生出其他組織。比如說當時國民政府有「總政戰部」，是用來監視軍人，怕軍人叛變。王昇當時是總政戰部主任，因為他掌有這些資源，所以他也開始監視人民，不再只是監視軍人。他還自己成立「劉少康辦公室」，權力大到可以叫各單位的次長來開會。

聽說特務本身也會自己內鬥？

對，像王昇自己還有一個秘密組織叫「心廬」，主導「臺大哲學系事件」，在臺大打擊李煥的救國團系統。

165

這樣組織裡的人
知道他們在內鬥嗎？

當然知道，知道他們在鬥，才能鞏固安全。
後來「中壢事件」後，李煥就下臺了。

那王昇後來怎樣？

因為他的「劉少康辦公室」勢力範圍太大，深入警總、
國安局、調查局。後來被蔣經國發現後，就被裁撤掉了。

警總為什麼權力最大？

因為它是軍事單位，成立目的並不是治安。「警備總部」這個名字
看起來跟治安有關，純粹是為了掩人耳目而已。

原來如此。

它等於是秘密警察。在當時又剛好有共產黨這個外部敵人，
所以警總就能輕易把臺灣島上要求自由的人，
跟共產黨連結在一起，說他們是間諜。

到處都是「抓耙子」！

所以一旦被列入政府的黑名單，那些已經出國的，就會被禁止不准再回來臺灣。

難怪當時上街遊行的臺灣留學生，都要戴面具，怕身分曝光！

這種更會被打小報告！尤其他們以為已經防備萬全，其實根本防不了，因為都是內部的人在打小報告。

為什麼特務會這樣濫權、濫殺呢？

因為有績效和權力。統治者的想法是：如果人民都很善良，那幹嘛還要雇用特務？再來，人人都想要有權力，所以就會傾向把社會講得很危險，老鼠很多，要多給一些捕鼠器。

編得越可怕，是不是就能被分配到越多預算？

要有更多預算和權力，就得拿出績效，所以就會有人開始亂抓了。

原本沒事就變有事了。

再加上這是管制思想，更可以用編的了，就像明朝開始有文字獄。

169

他們都會抓哪些人？

除了弱小平民，最容易被他們整的就是讀書人，像是學生、老師、作家。

是因為他們的言論有分量嗎？因為他們會辦雜誌、寫文章，甚至教學的時候就能散播思想？

更準確的說，他們的行為跟一般平民的生活所需沒有直接關係。

什麼意思？

其他人多半傾向於保持沉默，好好生活就好。所以這些知識分子有話想說時，就不容易得到社會支持。

可是有時候，社會的改變是他們帶起來的。

對，那是在民主國家裡。能夠掌握言論的人，就會變成英雄、改變者、改革者。比如在美國，也許你唱首歌，馬上就帶動這個社會了。

沒有民主自由，知識分子相對是孤獨的。

所以在言論自由上，他們想爭取跟討論的事情，跟實際生活面沒有直接關係。在民智未開的情況下，不僅得不到社會支持，還很容易被特務盯上。他們的罪太容易被羅織了，因為是「思想犯」，只要有「想」就有罪，甚至不用具體的證據。

太可怕了。

最後就又回到最一開始講的那個結構：特務很多、素質很低，再配上快速的軍法審判和刑求。

這樣不會讓社會人心惶惶，反而引起更多反對聲音嗎？

不，這確實對統治有幫助。它會形成一個氣氛，讓其他人也不敢多講話，也不敢支持。

那為什麼是蔣經國把這套特務系統建立起來呢？

因為他是蔣中正的兒子啊！蔣中正最後只能相信自己的兒子。當時還沒退到臺灣、還在中國大陸的時候，很多人都叛變了。

但也有值得信賴的下屬，像孫立人這些人啊。

但他們終究接受過美式思想，不喜歡這種獨裁政治。而跟蔣中正平起平坐的人又更不可能了，會威脅到蔣中正自己的地位。所以最終這套系統一定要控制在自己人手裡。專制最後會形成獨裁，獨裁最後會變成任用親信。

那蔣經國當時用了什麼方法？

學蘇聯那一套政戰系統。

那蘇聯為什麼會建立
這一套政戰系統？

他們是政治掛帥。最重要的是，
當年沙皇都被推翻，因為軍隊不支持。

那為什麼特務
一定會製造冤獄？

這就要解釋民主國家跟獨裁國家的差別。
獨裁國家是「寧可錯殺一百，不可放過一個。」
因為只要放過一個，結果就會很嚴重。
但錯殺一百個善良的人民，都沒關係。

那民主國家呢？

剛好相反，民主自由國家的法律是「即使漏抓一百，也不可以冤枉一個。」
因為你冤枉一個造成的傷害，比漏抓罪犯還嚴重。

是這樣嗎？

如果你不贊成這句話，那就表示你的性格，
是習慣被威權統治，是在威權教育下長大的。

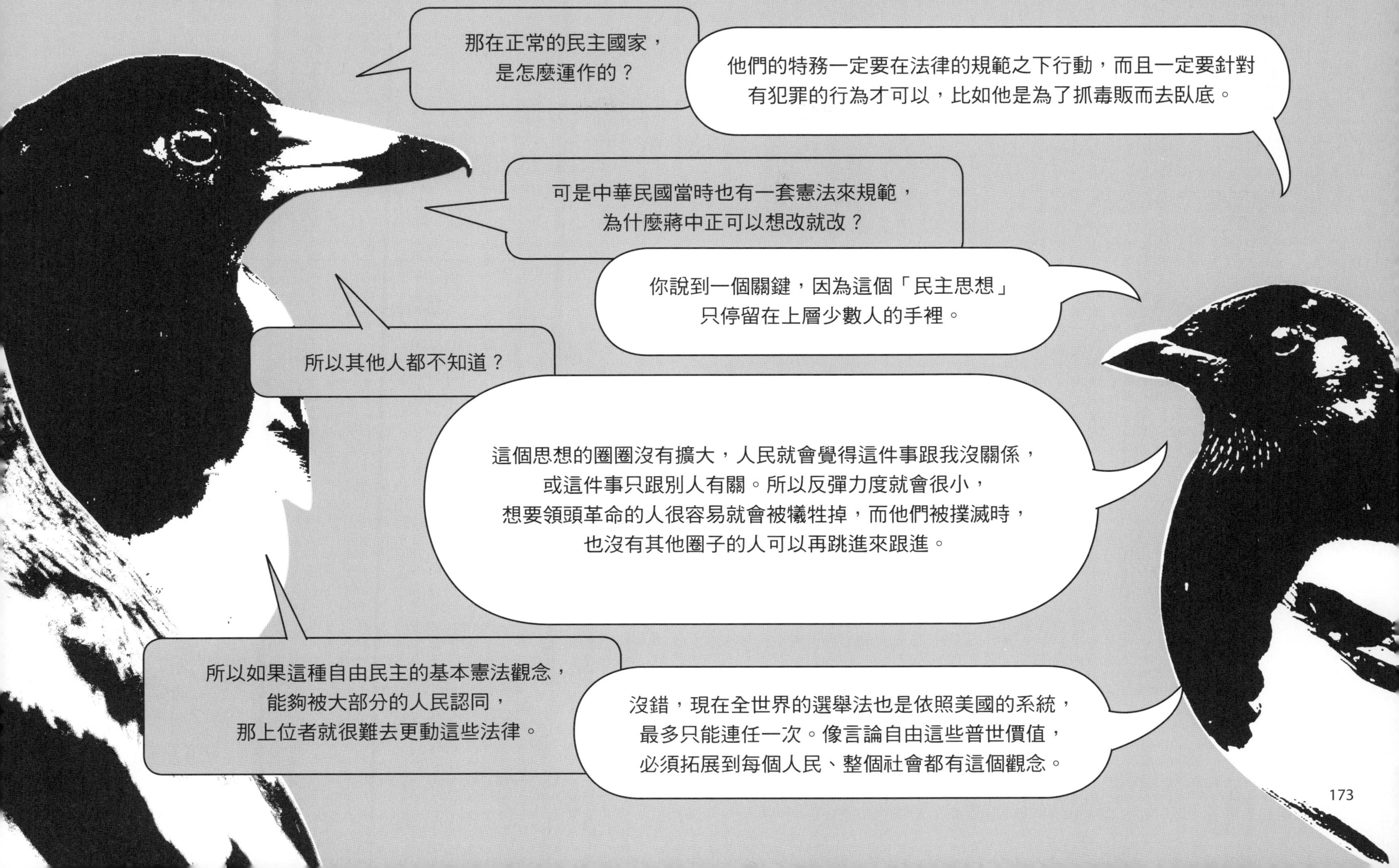

那在正常的民主國家，
是怎麼運作的？

他們的特務一定要在法律的規範之下行動，而且一定要針對
有犯罪的行為才可以，比如他是為了抓毒販而去臥底。

可是中華民國當時也有一套憲法來規範，
為什麼蔣中正可以想改就改？

你說到一個關鍵，因為這個「民主思想」
只停留在上層少數人的手裡。

所以其他人都不知道？

這個思想的圈圈沒有擴大，人民就會覺得這件事跟我沒關係，
或這件事只跟別人有關。所以反彈力度就會很小，
想要領頭革命的人很容易就會被犧牲掉，而他們被撲滅時，
也沒有其他圈子的人可以再跳進來跟進。

所以如果這種自由民主的基本憲法觀念，
能夠被大部分的人民認同，
那上位者就很難去更動這些法律。

沒錯，現在全世界的選舉法也是依照美國的系統，
最多只能連任一次。像言論自由這些普世價值，
必須拓展到每個人民、整個社會都有這個觀念。

五〇年代言論沙漠之花
《自由中國》雜誌

現在雜誌那麼多，其實臺灣五〇年代有一本非常厲害的雜誌叫《自由中國》。

什麼是《自由中國》？

它是國民政府來到臺灣以後，最重要的一本政論性雜誌。

它為什麼厲害？

1947 年發生二二八事件後，臺灣就沒有所謂的言論了。

因為有言論能力的人都被鎮壓了，不然就是在威權統治下逃到海外去了。

沒錯，再加上那時候是戰亂時期，國民政府來到臺灣以後，基本上言論不只是空白，更像是沙漠。

為什麼會這樣？

因為戒嚴管制。本來有樹卻飄走了，導致所有的草也都連根拔起，這跟沙漠化一樣。

就像沒有水，什麼都長不出來。那為什麼會出現《自由中國》？

蔣中正有一個親信，名字叫雷震，是他創辦這個雜誌。

雷震是誰？

他當時是國民大會的秘書長，
他建議蔣中正應該辦一本政論性雜誌。

國民大會秘書長是什麼？

先講國民大會，它以前是一個很重要的民意機關。
以前選總統不是人民直選，而是各省人民先選出國民
大會代表。這些代表再聚集起來，選舉總統跟副總統。

跟美國的間接選舉
有點像耶。

但是，國民大會代表跟美國間接選舉又有點不一樣喔。

哪裡不一樣？

因為當時中國的憲法裡面，並沒有實際規定，
國代應該代表全省的立場。

什麼意思？那美國又是怎樣？

在美國，一個州選出來的選舉人，他們本身就代表
全州的立場。比如加州選出 54 個選舉人，他們就
代表那一州的全體立場。他們手中 54 張代表民意
的選舉票，都是要出去投同一個總統候選人。

那美國那一套，怎麼保證 54 張選舉票都會如實投同一個總統候選人？會不會本來說好都投拜登，裡頭卻有人投川普？

原則上，美國憲法沒有規定不可以，但沒有人真的這樣做。這就是偉大的國家，他們已經建立起遵守民意的習慣。但我們在這之前沒有憲法的概念，導致那時候的國代，自己覺得想要投誰就投誰。

但我們的憲法本來是想學美國吧？怎麼會沒有這個民主精神？

要注意，當時的憲法不是國民黨的人寫的，而是一個叫張君勱的知識分子寫的，他隸屬中國民主社會黨。

為什麼不讓國民黨的人寫呢？

因為裡面沒有人寫得出來。

原來如此，就好像你要寫《獨立宣言》，也沒這麼簡單。雖然知道理念，但要寫成文字不容易。

所以當年是張君勱起草憲法，主要往內閣制設計。方向是對的，因為當時中國非常大，民主也才剛要實踐，整體還很混亂。所以國民大會代表就聚集起來，再投出總統，這已經有聯邦的精神了。

中國的領土很大，也很像聯邦。各省有各自獨立的意見，但當年各省的國代卻有自主權。

所以，回頭來講雷震。要做國民大會的秘書長，對於蔣中正來說必須由親信擔任才行。

國民大會秘書長，聽起來是很高的職位。

但位高不一定權重。要看被選出來的總統，要給你多大的權力。

那麼為什麼蔣中正把這個工作交給雷震？

這個位置可大可小，但是這個位置不能交給外人。因為陌生人一旦有「民意」，萬一不小心弄出選舉罷免怎麼辦？所以這個職位只能交給親信。

那為什麼雷震要跟蔣中正提議，辦一個政論雜誌呢？

因為當時國民政府敗退臺灣後，開始反省：他們發現在中國大陸時，擁有高中以上學歷的人，幾乎都偏向共產黨。

那為什麼會這樣呢？

當時自由主義跟共產主義是對立的。可是自由主義雖然有學者，像胡適這些人，但卻沒有言論的大本營。

這代表什麼？

他們認為，共產黨的理論有吸引到知識分子。

所以要有一個管道，把這些人聚集在一起？

對。因為他們不像共產黨成群結隊，他們是個別分散的高級知識分子，很多都是教授或學者，他們沒有組織。

但他們肚子裡有墨水，知識分子的言論還是很有力道吧？

面對有組織性的共產黨，這些分散的言論力量根本不夠。

所以他們覺得這是戰敗的原因嗎？

可以說，他們在言論的戰場上失敗了。拿到現在來說，其實就是「認知作戰」。

那要怎麼拿回這個戰場呢？

所以來到臺灣以後，雷震就自告奮勇，說要辦一本以自由主義為主的言論刊物。

這個宗旨怎麼來的？

雷震覺得國民政府本來就是「民國」，跟中國共產黨不同，共產主義是奴役的。既然國民政府是自由的，就要站在這個高度，言論必須建立起來。

雷震具體而言怎麼做？

有了這個刊物，就可以把自由主義的學者們聚集起來，對抗中共的言論戰爭，在學識或知識上有一個作戰機器。

那雷震是什麼背景？

他是浙江人，第一屆國民大會浙江省代表，最後坐上國大秘書長。曾加入中華革命黨，也曾留學日本，學習法律。

179

他跟蔣中正一樣是浙江人！
而且還是一個富有學問的人呢。

他回國後當上中學校長。受蔣中正的親信戴季陶提拔，
先後擔任法制局編審和考試院編撰，
還兼任過中央軍官學校教官，也在教育部工作過。

難怪蔣中正這麼信任他。

在抗日戰爭中，他受蔣中正提拔，
之後出任政治協商會議秘書長。

他既有學問，又有協調能力！

所以說，雷震在中國大陸的時候，
就想要做《自由中國》了。來臺以後，
當時的教育部長杭立武也贊助這本雜誌。

創刊時間
是什麼時候？

1949 年 11 月 20 日，在臺北創刊，形式是半月刊。
由當時最高聲浪的胡適掛名擔任發行人，
但主要還是以雷震負責總編輯。

蔣中正很放心讓雷震去做呢。

因為蔣中正那時候認為這是在
他可控制的範圍內，其實還有另一個考量。

什麼考量？

他想爭取美國援助，想爭取美國人的信任，所以他必須建立
一個民主自由的形象。當時的省主席吳國楨、國防部長俞大維，
他們都是留美名校的菁英，是美國人決定的人選。

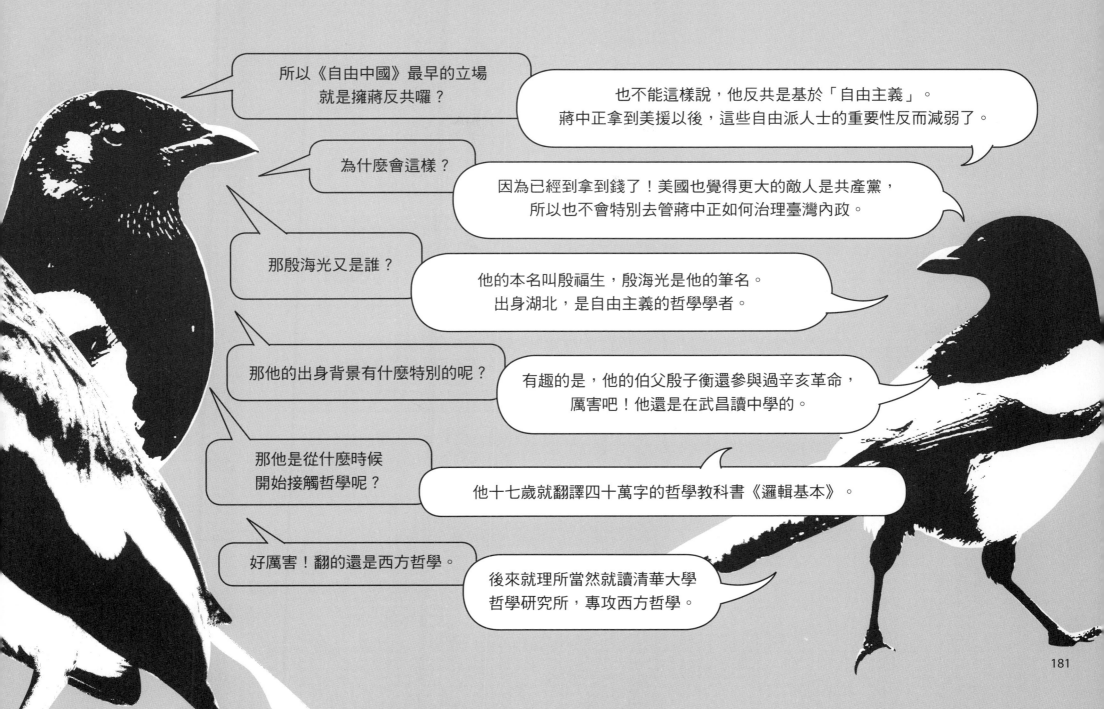

所以《自由中國》最早的立場
就是擁蔣反共囉？

也不能這樣說，他反共是基於「自由主義」。
蔣中正拿到美援以後，這些自由派人士的重要性反而減弱了。

為什麼會這樣？

因為已經到拿到錢了！美國也覺得更大的敵人是共產黨，
所以也不會特別去管蔣中正如何治理臺灣內政。

那殷海光又是誰？

他的本名叫殷福生，殷海光是他的筆名。
出身湖北，是自由主義的哲學學者。

那他的出身背景有什麼特別的呢？

有趣的是，他的伯父殷子衡還參與過辛亥革命，
厲害吧！他還是在武昌讀中學的。

那他是從什麼時候
開始接觸哲學呢？

他十七歲就翻譯四十萬字的哲學教科書《邏輯基本》。

好厲害！翻的還是西方哲學。

後來就理所當然就讀清華大學
哲學研究所，專攻西方哲學。

畢業後呢？

他先加入中國青年軍，參與抗日戰爭。日本投降後，他用筆名「殷海光」進入出版界，加入國民黨。

來到臺灣以後呢？

他當時是《中央日報》主筆，跟著報社一起來臺灣。1949 年 5 月 12 日，他在報紙上發表社論，批評當時的軍政人員，後來被迫辭職了。

然後呢？

他就去臺大教書，主要是教邏輯跟羅素哲學，偏英國的自由主義。後來就開始加入《自由中國》團隊，擔任主要編輯。

他的寫作原則是什麼？

他會特別針對黨化教育進行批判，以科學方法、個人主義和民主啟蒙為原則。

看來他很勇於批判國民政府的執政缺失。

他寫了很多有名的文章，他也在「祝壽專號事件」裡擔任主筆。

什麼是「祝壽專號事件」？

蔣中正生日是 10 月 31 日，當時每年都會給總統祝壽，很多媒體會開始寫文章巴結。1956 那一年，他們就利用這個名義做了這個專刊，封面上印了大大的紅字「恭祝總統七秩華誕」，但裡頭的文章都是給總統的建言，可說是生日大驚喜！

專刊裡面寫了什麼？

第一篇社論〈壽總統蔣公〉就先祝總統生日快樂。接下來十五篇文章，呼籲政府要以法治代替人治，把責任內閣制、軍隊國家化等問題納入法律規範。

總統看到後的反應是什麼？

勃然大怒！蔣中正把這些文章當成「毒素思想」，還發布一本小冊子《向毒素思想總攻擊》，說明如何辨識、攻防這些思想。

慘了！這下子《自由中國》不就跟政府鬧翻了嗎？

該討論的問題就該拿出來討論！所以他們開始討論國家大事，殷海光寫了〈是什麼就說什麼〉等知名篇章，最後一篇〈反對黨問題〉呼籲臺灣必須要有個強而有力的反對黨。

為什麼要有反對黨？

當時已經有一個呼聲，說蔣中正要打破憲法的規定，連選連任第三任，他們認為不可以改變憲法，反對黨才能制衡。

政府怎麼對付殷海光？

後來政府乾脆停止國科會給他的補助金，還查禁他在文星書店出版的書，所以他也沒有版稅了。

他翻譯過什麼書？

最有名的是海耶克《到奴役之路》。殷海光在那本書的自序裡說：
「世界上最剛強的人是敢於面對逆意的現實真相的人，
以及身臨這樣的真相而猶懷抱理想希望的人。」

原來這本自由主義經典，
就是他翻譯的啊！

後來殷海光晚年，政府限制他出境，
不准他跟海耶克接觸。

《自由中國》除了政論以外，
還有其他專欄嗎？

當然有，《自由中國》可說是聚集了各方菁英。雖然雜誌
的主力是社論，但它也有文藝副刊，主編就是作家聶華苓。

聶華苓是誰？

她是臺灣知名的國際性作家。她嫁給美國詩人保羅‧安格爾後，
到美國愛荷華大學任教，夫妻倆還創辦「國際寫作計畫」（IWP）。

那是什麼？

享譽國際的文化機構，接待來自世界七十幾個國家、
上千位作家，她也被譽為「世界文學組織之母」。

真厲害！

現在很多臺灣文學界的重要文人，
也都是她扶植起來的。

像哪些人？

丁玲、白先勇、余光中、鍾曉陽都有被她邀請參與這個計劃，諾貝爾文學獎得主的莫言也是。

所以文藝欄還刊載了哪些知名作品？

像於梨華〈也是秋天〉、朱西甯〈大火炬的愛〉、林海音《城南舊事》、陳之藩〈失根的蘭花〉這些名作，都是由聶華苓主編的文藝欄刊登。

《自由中國》這個雜誌真的好厲害啊！眼光好、內容優質！

所有自由思想的種子都是從這裡發芽長大的！代表性文章還有夏道平的社論〈政府不可誘民入罪〉、讀者投書〈搶救教育危機〉等。

那《自由中國》為什麼重要？

你看喔，陳獨秀創辦了《新青年》，推動新文化運動，編輯部有胡適、魯迅跟李大釗等人。

是中國現代文學運動的先驅！

同樣的道理，就像美國的《大西洋月刊》，創辦人是愛默生這些人，重量級作家馬克吐溫、海明威、馬丁・路德・金恩也都在上面發表文章！

也就是說，《自由中國》是一本重要的啟蒙雜誌，改變了整個歷史，創造思想啟發與辯論！

它是五〇年代第一本把高級知識分子聚集起來，讓他們有發聲管道的雜誌，產生言論力量。

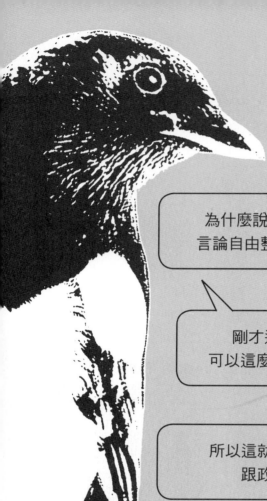

它的言論自由
程度有多高？

他可以直接點名高官政府，直接批評政府的政策。
因為寫文章的人本身聲望跟國際知名度就非常雄厚。

為什麼說在它之後，
言論自由整個大退步？

大家都知道戒嚴時期，什麼話都不能說。當時許多大學生看過《自由中國》後，
很驚訝為什麼從前的言論自由可以如此奔放？看完這本雜誌後，許多人就會覺醒。

剛才這樣聽下來，《自由中國》
可以這麼自由，其實也跟大環境有關。

沒錯。雖然最一開始是蔣中正為了爭取美援，
想辦自由主義的思想雜誌對抗共產主義。但後來，
雷震這些人批評共產主義時，矛頭也會不免
指向臺灣內部，蔣家政權的專制主義。

所以這就是後來《自由中國》
跟政府決裂的原因。

因為蔣中正後來乾脆採取專制統治，
只要封閉自由思想、灌輸單一言論，
人民就不會接觸共產主義。

美國都沒有意見嗎？

美國最大的敵人是共產黨！目的是要建立反共防線。
就算你是獨裁者，但只要你反共，美國都不會干涉太多你自己
國家的內政問題。像西班牙佛朗哥、南韓朴正熙、伊朗巴勒維……
他們都是獨裁者，卻也都是美國的合作對象。

那後來《自由中國》為什麼停刊？

因為他們反對蔣中正繼續連任總統，雷震就聯合本土菁英吳三連、高玉樹、李萬居這些人，一起籌劃反對黨「中國民主黨」，想建立反對的聲量。因為參與選舉，得票多，就能跟執政黨制衡。

所以就發生了「自由中國事件」，政府逮捕他，說他「包庇匪諜，煽動叛亂」。

被關進大牢後，他還寫了四百萬字的回憶錄，但在他出獄的時候就被燒掉了。

好可惜啊。

可是《自由中國》的精神一直存在。就算這些先賢後來被鎮壓、逮捕，但因為雜誌一直都在，所以它持續啟發很多人追求自由的思想。

如果《自由中國》沒有被停刊，言論自由就有無限可能！

怎麼說？

當時本土賢達像李萬居、吳三連這些人，如果他們聯合在一起，成功組成在野黨「中國民主黨」，往後臺灣的民主運動就會少一個影響因素。

什麼因素？

省籍情結。

也就是說，以後選舉的時候，
本省人與外省人就不會這麼對立了。

沒錯。如果當時這個反對黨成立，
也成功了，臺灣就能更早建立民主社會，
種族融合、省籍情結這些也不會存在。

省籍情結的影響是什麼？

本省人在取得公務權或政府統治權時，相對弱勢。
像「萬年國會」就是導致省籍情結很大的因素。

為什麼？

「萬年國會」裡的國大代表都是外省人掌權，
又用中國大陸的結構來制定法律，統治臺灣。

這會有什麼問題？

比如說，公務員是用各省名額下去分配。
臺灣省是三十五省之一，那臺灣人考公務員就不公平了，
可能只給你 2 個名額，但搞不好青海省就有 4 個名額了。

這樣一來，可能就會有人
自稱是青海人……

總而言之，統治階層就會回到原點，
變成「驅逐韃虜，恢復中華」的論調。

這確實會影響社會融合，
省籍情結也會製造社會不安。

剛剛說省籍情結，很大原因來自
「萬年國會」，首先就是「國民大會」。

「萬年國會」是什麼？

它是國民政府在 1949 年遷臺後
的中央民意機關之一，
另外兩個是立法院跟監察院。

看起來很民主啊，
有行憲基礎了。

這些國大代表，是國民政府
在中國時選出來的第一任。

看起來德高望重，
地位不低啊。

這些首任國大代表，做了 43 年從未改選！你想想，
有些「老國大」那麼老了，還要醫護人員陪同坐救護車到會場，
開會時還坐輪椅、吊點滴、提尿袋、戴呼吸器推著氧氣瓶！

但因為太久了，難免跟民間脫節，
也顯現出原本法統的脆弱性。

這就對應孔子說的：「老而不死是為賊。」
所以才叫老賊！但他們未必對國家沒有貢獻，
只是久了那個貢獻就會全部消失。

而且他們是薪水小偷！

因為一直領錢也沒有做什麼事，這就更不合理了，不符合民主。
短期可以但長期就不行了，時間一長，所有的事情全部不對了。

他們後來是怎麼解散的？

1991 年，李登輝總統上任後，
宣告終止《動員戡亂時期臨時條款》，
國會也終於結束萬年亂象。
臺灣也正式揭開民主的序章。

國家圖書館出版品預行編目（CIP）資料

青春自由夢/郝廣才文；PG. 水角圖. -- 初版. -- 臺北市：格
林文化事業股份有限公司, 2024.11
192面；30x20公分
ISBN 978-626-7295-70-0(精裝)

1.CST: 言論自由 2.CST: 臺灣史 3.CST: 通俗作品

571.944   113013130

文化放送寫繪

青春自由夢

文／郝廣才　圖／PG.水角
責任編輯／何湘葳、張翔穎
美術編輯／林蔚婷　協力繪圖／幼比、哈琪

出版發行／格林文化事業股份有限公司
地址／臺北市新生南路二段 2 號 3 樓
電話／(02) 2351-7251　傳真／(02) 2351-7244
網址／www.grimmpress.com.tw
讀者服務信箱 E-mail／grimm_service@grimmpress.com.tw
ISBN／978-626-7295-70-0
2024 年 11 月初版 1 刷
定價480元

臺大法言

韓忠謨 題

中華民國五十八年十二月八日復刊　本期出版一大張

革新版第八期

出版者：國立臺灣大學法學院學生代表
發行人：洪三
總編輯：陳玲
副總編輯：許志仁　蔣
編輯：汪麗雅　袁再興　王瓊玲　陳秀榮

大學雜誌

開放學生運動

快報

我們要說話的權利

出版：臺大法言社
本報發行一萬份

論壇　公開　社會　開放　自由　言論　眞諦　民主

一個小市民的心聲

一個小市民的心聲
多少臺大人的反應

座談會　討論會　分別舉辦　場面熱烈

自由何其多！
言論不用愁？

言論自由在臺大

我們國家的前途

辯論　代表　民意　中央　改選　全面

借臺大死寂的屍還中國青年的魂
陳少廷　周道濟熱血斑斑書生議論

快報

出版：大眾法言社
本報發行一萬份

我們要說話的權利

維護人性尊嚴・發展人格自由

「談臺大言論自由」的發端

民主　眞諦　言論　自由　開放　社會　公開　論壇

心思血汗未白忙
解決噪音有力量

言論自由在臺大
書生議論震花城
——意識的努力但願功不唐捐
開放的社會應有公開論壇——

楚弓在握王復蘇
三雄火拼逐秦鹿
——是革新不是叛變・今朝看他
聯繫臺大人心聲・記誦北大——

言論自由在臺大

法代會舉辦座談會

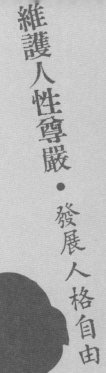

說實話　求眞理　抗權勢　免恐懼
——陳鼓應先生慷慨激昂話自由——

言論自由非洪水猛獸
需要量你我各有不同
政治健康・不必恐懼輿論
刊物稿件・教職學生共審

你所說的話，我一句也不贊成，
但我以生命保證：
你有說話的權利。

大學雜誌社社長陳少廷：
「唯有全面改選才能
保證獲致全面政治革新」

政治學教授周道濟：
「唯以補選遞選代替
全面始能維護法統精神」

真道書生空議論，
頭顱擲處血斑斑！
要革新的悉，來吧！就是今晚。